TESTAMENT

LYRIQUE

Paris. — Imprimerie Alcan-Lévy, 61, rue de Lafayette.

ALEXANDRE SAINT-YVES

TESTAMENT

LYRIQUE

PARIS
LIBRAIRIE ACADÉMIQUE
DIDIER & Cie, ÉDITEURS
35, QUAI DES AUGUSTINS, 35

1877

Aux Civilisés

De la Chrétienté *et de* l'Islam,

Devant Israel *comme témoin,*

Les Conclusions religieuses de ce livre sont dédiées.

CLEFS DE LA PROMESSE

———

PREMIÈRE CLEF

La Naissance

La Naissance

Il est quelque chose d'aussi grave que la Mort ; la Naissance.

La Vie est le sourire de la *Nature* ; la Naissance est le baiser qu'elle donne à l'Ame humaine.

Respect à la Femme : la présence réelle de la *Nature* est en elle.

Ionah, la vertu plastique de la *Nature*, l'habite et s'y plaît.

Rouah, l'Esprit, l'Amour, descend du Ciel, se reposer et se jouer dans son cœur ; le grand secret de la Création lui sourit dans un enfant, lorsqu'une âme descendue en elle la regarde à travers des yeux.

Immortelle après la Mort, l'Ame l'est avant la Naissance.

Par la Femme, dans l'État-Social, les Ancêtres rentrent dans les Générations.

Évoqué à la Vie sociale conformément aux *Mystères* du *Saint-Esprit* et à Ceux du *Père*, ou d'une manière profane, l'Ancêtre immortel, qui va devenir l'Enfant sujet à la Mort physique, vient, à son temps marqué, là où il doit venir.

Pendant cette évocation, qui commence par une promesse et un vertige d'immortalité, selon son degré dans les Hiérarchies psycurgiques, l'âme quitte l'un de ses séjours cosmogoniques, et vient.

Invisible, mais sensible aux cœurs épris, elle hante doucement la femme qu'elle doit hanter, et, durant neuf révolutions lunaires, noue ses effluves sidérales, par le sang et par l'Ame de la Mère, au corps terrestre dont la première aspiration va l'engloutir.

Ce nom d'Ame, en français, est magiquement conforme au Verbe céleste.

Il est la racine même d'Amour.

Qu'est-ce que l'Ame ?

Ouvrez avec les clefs voulues, le texte hébreu du Sépher Bœreshith, du Livre des principes cosmogoniques, et, si *Dieu* le veut, la Science divine des Sanctuaires Egyptiens vous répondra par Moïse, et vous dira ce qu'est Aïsha, faculté volitive d'Aïsh.

Un Ancêtre vénéré a levé le premier voile du sens caché; mais, pas plus que lui, je ne veux lever le second, si ce n'est en parlant, au second chapitre, du Mystère des Sexes et du nom de Iéhovah.

Voici tout ce que je puis dire pour le moment.

Principe immortel de l'Existence, cause rayonnante à travers le corps visible et le corps invisible, l'Ame est.

La Théurgie la trouve ; la Psycurgie, qui est la science et l'art d'aimer et de vouloir, la prouve expérimentalement.

En Physiologie, elle est la force qui anime et meut, attire ou repousse, élit ou élimine.

La Naissance est donc grave; l'Amour et les Sexes sont choses religieuses ; et rien n'est banal dans la *Nature* pas plus qu'en *Dieu*.

La Naissance est *la corporisation* des Ames.

Vous préexistiez à votre naissance, vous survivrez à votre trépas.

C'est pourquoi, au nom de Moïse, au nom de Jésus et de Mahomet, debout ! Et écoutez !

Savoir, c'est se souvenir : souvenons-nous donc ensemble, Ames immortelles, qui, dans l'Espèce terrestre, soupirez après le Règne Céleste de l'Homme, et voulez le Divin de la Vie.

Dans les *Mystères du Saint-Esprit* est la Science totale, l'Art complet, l'Amour parfait de la Vie.

Ils se révèlent dans l'Aurore du Jour, dans les yeux des

Fiancés et des Époux, dans le sourire et les larmes de la Maternité.

Penchez-vous sur ce berceau, Orient de la Vie sociale, tombeau de la Vie cosmogonique de l'Ame.

Dans cet enfant palpite un *Mystère du Saint-Esprit* et de *l'Épouse du Père.*

Cet enfant est un ancêtre, une âme céleste, dans une effigie terrestre, une immortalité qui vient se mortifier, se purifier dans la douleur, se parfaire dans l'épreuve, poursuivre, où et comme il le faut, soit l'expiation, soit l'élaboration, soit la mission, soit la création, depuis des siècles commencées et reprises.

L'inégalité des conditions n'est donc, pour le Sage, que ce qu'elle devrait être dans un État-Social parfait : l'échelle d'équité qui gradue les états psycurgiques, les nécessités indispensables aux Ames pour évertuer leur bonne volonté dans une sphère sociale correspondante à celle de leur Ciel.

C'est pourquoi l'Initiation graduée des Sexes et des Rangs est voulue par la Providence, afin que l'Homme cesse de maudire le Destin qui, le plus souvent, est la loi qu'a suscitée sa volonté.

Mais, je le sais, la Science seule ne peut éclairer vos Ames, et je vais demander à l'Art un secret psycurgique, grâce auquel, doucement, les poëtes de la Promesse pourront par la suite les attirer et les entraîner dans le mouvement de la Lumière du *Saint-Esprit.*

Ainsi, cette Ame est née au monde des effigies et des épreuves ; et elle en crie.

Son élément était le fluide céleste, la Lumière intérieure de l'Univers, l'Ether spiritueux, le dedans et l'endroit de la Substance cosmogonique.

La voilà à l'envers, au dehors, en pleine nuit.

Elle ne voit plus son corps céleste : il s'éclipse.

Elle en a perdu la science, la conscience, la vie réelle. Son intelligence se ferme, sa clairvoyance directe ne voit plus, son entendement n'entend plus, sa sensibilité psycurgique est partout accablée.

Entre elle et l'Univers s'interpose un obstacle terrible,

quelque chose d'obscur et de limitant, de courbe, d'obtus, d'âcre et de chaud, étrange composé qui bruit et fourmille, voilé savamment et artistement tissé, replié sur lui-même et sur elle, dont toutes les contextures animées, images de l'Univers, en communion précise avec Lui, figures des facultés de l'Ame, en conjonction substantielle et spécifique avec elle, s'enlacent et l'enlacent dans les méandres tortueux des organes et des viscères : c'est le corps.

Si le corps crie, c'est que l'Ame souffre.

Elle veut fuir ; mais elle retombe sous une irradiation qui lui rappelle la Lumière vivante, *Ionah*, la Substance céleste : c'est un baiser maternel.

Parfois, il lui semble qu'elle est morte. Elle se rappelle comme dans un songe l'immensité de cette Lumière secrète où elle se baignait nue dans des tourbillons resplendissants, les croupes, les vallons éthérés d'un astre aimé, sans atmosphère élémentaire, sans attraction physique, monde des essences, des arômes et des parfums de la Vie, d'où elle entendait monter et descendre les Harmonies et les Mélodies intérieures des Temps et des Espaces, des Etres et des Choses, d'où elle s'élançait, frémissante, à la voix intime des bien aimés et des bien aimées, pour contempler *Shamaïm*, l'Ether, la Mer azurée du Ciel, les îles, les flottes sidérales, les mouvements de leurs Génies animateurs et de leurs Puissances animatrices.

Comme un reflet d'étoile sur une eau qui frissonne, un souvenir tombe et tremble encore en elle de la grande réalité.

Elle exhale encore la céleste ambroisie des *Mystères* éternels du *Saint-Esprit* ; et les effluves de l'autre Monde ne s'évaporent que lentement de sa balsamique essence que la Mère boit, respire et baise avec une ivresse étrange pour les profanes.

Ne t'envole pas, doux reflet de l'Astre des Mages ! Immortelle, souviens-toi !

Elle croit les voir encore, les blanches, les divines, hommes et femmes, déesses et dieux, diaphanes, lumineuses formes, types de la Beauté, calices de la Vérité, se mouvant, planant, s'enlaçant dans les ondes magiques du céleste Amour, dans les communions éblouissantes de la Sapience.

Ne sont-ce point encore les Théories sacrées, les Poëmes

vivants du Verbe occulte, les Hymnes des Pensées créatrices, les Symphonies des Sentiments animateurs, les enseignements hiérarchiques des Cercles psycurgiques, le trouble saint des Grands Mystères, les Dieux, rayon du *Dieu* dont la Lumière est l'Ombre, le sillon lumineux, le vol aromal des Génies, des Envoyés, des Intelligences parfaites, des Esprits immortels, des Ames victorieuses et glorifiées.

O vertige ! là, n'est-ce point encore le quadruple cercle inférieur des âmes montant ou descendant, l'Océan fluidique, étincelant, sur lequel passe la brise de l'Amour, dans le fond duquel crient la Naissance et la Mort ?

N'est-ce point encore.....? Mais qu'allais-je dire ?

Que s'est-il donc passé ? Chante, fille des Dieux !

Ecoutez !

Un grand trouble, un vertige, un enivrement subit, une lourdeur étrange, un magnétisme lointain, une attraction douce et terrible, une incantation des Astres, un mot d'ordre, un cri de sphère en sphère, des adieux déchirants à la Vie Supérieure, aux bien-aimées, une prière, une cérémonie solennelle, aux rites funèbres, une dernière étreinte, un dernier baiser, un serment de se souvenir et de revenir, un Génie aux pieds ailés qui prend l'Immortelle et l'entraîne vers les Gouffres, l'Immensité d'en haut qui se ferme, celle d'en bas qui s'ouvre avec fracas, l'Océan tumultueux des Générations, Abîmes d'Ames gagnant ou quittant la cime ou le fond de l'Atmosphère d'un autre Astre, bataille électrique des passions et des instincts de la Terre..... puis..... quoi donc ?

C'est l'orbe de la Terre, c'est l'Océan métallique déroulant ses flux, enroulant ses reflux.

On traverse des tourbillons d'Ames qui s'élèvent ou s'abaissent, les unes diaphanes et pures, spiritualisées et légères, s'exhortant à vaincre celles qui s'opposent, à gravir dans la Lumière l'échelle des rayons célestes, à franchir la région des Nuées et des courants fluidiques, à gagner la Citadelle Ignée du Feu supérieur, les cercles de l'Ether ; les autres, obscures et marbrées de taches comme des peaux de fauves et de reptiles, souillées par les vices, enténébrées par les crimes, matérialisées par l'Instinct, alourdies par l'Egoïsme, impuissantes à briser les Fleuves électriques de l'Air, emportées par les Orages et les Vents, roulant loin de la barque d'Isis dans le Puits démoniaque de l'Abîme, dans le vertigineux cône de ténèbres que la Terre traîne dans les Cieux, criant dans le Silence, s'accrochant aux premières et essayant de les entraîner avec elles pour diminuer d'autant le poids épouvantable du Destin.

Qu'est-ce encore ? Souviens-toi !

Ce sont, dans l'Athmosphère, les Nuées, les grands Courants polaires, les souffles de l'Orient, les rafales de l'Occident, les Fleuves aériens secouant l'écume des nuages, agitant leurs serpents électriques; c'est l'Océan inférieur de l'Air, avec ses quatre régions; celle des aigles, des grands migrateurs, des alouettes et des colombes.

Dans cette dernière, commence le règne de la Substance plastique sur la Terre, avec ses quatre Nômes : Minéral, Végétal, Animal, Hominal, et ses sept Tourbillons de Puissances génératrices et de Générations spécifiées.

Après les cirques et les amphithéâtres vertigineux des Montagnes blanches, après la féerie éblouissante des Glaciers et des Abîmes, voici venir à l'infini les molles ondulations des Collines vertes, l'écoulement écumeux des Torrents, le serpentement écaillé des Rivières et des Fleuves métalliques, le balancement des Forêts sonnantes, l'immensité circulaire des Campagnes herbeuses, où courent et se jouent des frissons.

C'est la Terre, l'une des mille Citadelles du Royaume de l'Homme, Fils immortel et mortel de *Dieu-les-Dieux*, c'est Démêter, c'est *Adamah*, le monde des Effigies et des Réalités physiques, l'Enfer, le Purgatoire, le Paradis, selon l'Ame qui s'incarne, selon l'Esprit qui règne dans la chair des Ames incarnées, selon la Foi, la Loi, les Mœurs de l'Etat Social.

Voici les cercles de pierre des Métropoles, des Cités, des Villes et des Villages, avec le bourdonnement des voix d'airain qui, du haut des dômes et des clochers, scande et annonce, au-dessus du fracas des grandes eaux populaires, la Naissance et la Mort.

L'Immortelle s'arrête brusquement; s'attachant avec force à la clarté des Astres, elle mesure l'espace parcouru, la distance qui la sépare des Cieux.

Grâce ! dit-elle à son Guide !

« Courage ! Tu l'as juré ! Là-haut, la couronne de la Foi, là-bas l'Epreuve ! »

Pardonne ! Oui, j'ai peur ! Si, là-bas, j'allais ne plus pouvoir rassembler mes souvenirs !

« Tu le pourras en rassemblant les Sciences. »

Du moins, dis : dans quel Etat-Social, dans quelle Race, dans quelle Nation, dans quel Foyer ?

« Ici, répond le Guide ailé des Ames, ici, la Généthliaque céleste indique la trame de ta destinée. »

Pour longtemps ?

« Jusqu'à l'accomplissement. »

O mon Génie ailé, quels sont ces chœurs d'Ames qui nous suivent ?

« Ce sont les Ancêtres qui te font cortége ; car je vais remonter. »

Déjà ? Je me sens de nouveau défaillir !

« Courage donc, Ame immortelle ! Je reviendrai si tu sais vouloir. »

Où suis-je ? Ciel, Terre, tout a disparu ; mais une attraction invincible m'enchaîne tout entière.

« Ame immortelle, voici ta Mère !

« Au nom de *Dieu*, au nom de la *Nature*, au nom d'*Iod* et de *Hévah*, voici ta patrie vivante ici-bas.

« Sois unie à elle par toutes les Puissances magiques de la Vie !

« Adieu ! »

Elle se rappelle encore ses entretiens avec l'Ame maternelle, leur indivisible et mutuelle pénétration, leurs communions mystérieuses, pleines de souvenirs et d'espérances sur-terrestres, douleurs et joies, frissons, extases, musiques muettes, le lent enroulement des neuf cercles séléniques, l'incantation des épigénèses, puis..... une souffrance cruciante, terrible, une vapeur sulfureuse, un effluve ferrugineux montant brusquement des Gouffres ignés de la Terre, tourbillonnant, l'arrachant à l'Ame maternelle, la clouant à un vide pneumatique, à un antre pulmonaire chaud, mouvant..... un cri dans cet antre, dans cette effigie creuse et..... le Souvenir rentre dans ses profondeurs avec les Innéités célestes.

Il ne revivra plus que par la Science.

O vous qui mettez votre honteux honneur à descendre du gorille, vous mériteriez de n'en pas remonter !

Eloignez-vous de ce Mystère céleste ; laissez prier ici les femmes.

Elles sauront dire au moins : « Notre Père qui êtes aux Cieux... »

Vous, restez, Vierges, Epouses, Mères, Aïeules, Druidesses de l'Arbre de Vie ; restez près de ce Gui vivant, priez l'Ancêtre des ancêtres.

Et sachez que si, dans le cercle des Générations, le Père donne le germe de l'effigie, le mouvement initial de l'Espèce, la Mère sa substance et la forme spécifiée, contrairement aux âmes des animaux qui viennent du Feu terrestre, l'Ame humaine vient du Ciel.

Appelez donc le Prêtre, pour qu'au nom de l'Etat-Social, l'Espèce humaine salue la Loi du Règne et l'ordre du Royaume.

Quel prêtre, direz-vous ?

Celui de votre Foi et de vos Mœurs sociales : pope, curé, pasteur, rabbin ou marabout.

Faites accueillir solennellement ce nouveau-né.

Car, en vérité, je vous le dis : la Naissance est chose aussi grave que la Mort, et c'est un des Mystères qu'il fallait entr'ouvrir à vos yeux.

LIVRE PREMIER

Volonté

FRAGMENTS — (De 1860 à 1865)

LES DEUX VOIX

A Monsieur de Metz

LES DEUX VOIX

« Mon fils, une âme endolorie
« Est de l'or vif en proie au feu ;
« Courbe le front, médite et prie,
« Car c'est en Dieu qu'est la patrie,
« Et la souffrance mène à Dieu. »

La résignation n'est qu'un métier d'esclave.
Lorsque le knout sanglant tombait sur le serf slave,
Il se courbait, stupide, avec un regard tors ;
Mais l'homme libre, eût-il pour tyran Dieu lui-même,
Jusques sous les éclairs redresse son front blême,
Et dit à Dieu : « Voyons ta justice et mes torts ! »

« Chasse le doute : il te dévore.
« La Nuit sombre est mère du Jour,

« Crois, aime, espère, et crois encore !
« Trois grands rayons forment l'Aurore :
« La Foi, l'Espérance, l'Amour. »

Que viens-tu me parler d'amour et d'espérance ?
Tout est songe et mensonge, excepté la souffrance.
Le Soleil ment ; la Nuit est la réalité.
Du levant au couchant de l'existence humaine,
Le Néant, seul Dieu vrai, fait ombre et se promène,
En criant : « Vanité ! tout n'est que vanité ! »

« Quelle est donc la science amère
« Dont tu suças le fruit trompeur ?
« Pauvre enfant triste, ombre éphémère,
« Tu maudis ton père et ta mère
« Et l'Amour-Dieu qui veut ton cœur ! »

L'Amour ! Eh ! plût au ciel que le Néant où l'Être
Hors des puits du Chaos ne l'eût pas laissé naître :
Tout ne serait pas né pour retomber Néant !
Quand je vois aujourd'hui rire une belle femme,
Sous ses seins bondissants, sous ses muscles de flamme,
Sous sa chair j'aperçois le squelette effrayant !

« Pourquoi donc soulever les voiles ?
« Pourquoi tenter les profondeurs ?
« L'Infini n'a-t-il plus d'étoiles,
« L'Arche du Monde plus de voiles ?
« Pourquoi mettre à nu les hideurs ?

La Nuit mange le Jour; le dégoût suit l'ivresse;
Le fruit que ma dent mord, le sein que je caresse,
Cachent un ver rongeur sous leur vaine beauté;
Mon propre cœur voilé de charnelles ténèbres
Bat, comme les tambours dans les convois funèbres,
La marche des tombeaux d'où je fus enfanté.

« Mais quand tu ne vivrais qu'une heure,
« Tu vis; jouis du prix du temps.
« Je sais une vierge qui pleure
« Et qui, lorsque ton œil l'effleure,
« Sourit comme un jour de printemps. »

Qu'un autre, s'il le veut, cherche les créatures!
Procréez, pullulez! La Mort veut des pâtures;
La Mort y perdrait trop si tous y voyaient clair!
Mais moi je ne veux pas peupler le cimetière :
Je sais trop ce que souffre au sein de la Matière
Un esprit exilé qui saigne dans sa chair!

« O Job! O sombre prophétie!
« Les temps prédits sont révolus!
« La Terre a froid, l'âme est transie,
« L'Homme appelle un nouveau Messie,
« Et les jeunes gens n'aiment plus! »

Non. Plus d'amour charnel; là n'est plus l'espérance,
Et s'il faut imiter ce triste Roi de France

Qui préféra la tombe à deux bras palpitants,
Calme, le front de glace et le cœur gros de flammes,
Je mourrai, mais au moins j'aurai sauvé des âmes,
Des griffes de la Vie et de la faux du Temps !

  « Abjure une telle croyance !
  « Cherche l'art perdu d'oublier !
  « Ce vieux siècle est sans conscience,
  « Et l'Arbre noir de sa science,
  « S'il vit, n'est qu'un mancenillier ! »

Ah ! s'il en est ainsi, qu'est donc l'Arbre de Vie ?
Cet Être Universel que tous, dans notre envie,
Larves, serpents, oiseaux, poissons, lions grondants,
Hommes, nous poursuivons de nos baisers avides,
Cet Être est donc sans cœur, ses veines sont donc vides,
Puisqu'il laisse glisser la Mort entre nos dents ?

  « Le cri de ton âme agitée
  « Est comme un dard trempé de fiel !
  « Bride cette âme tourmentée :
  « Les Dieux ont puni Prométhée
  « D'avoir ravi le Feu du Ciel. »

Tu n'as donc jamais vu, toi qui crois être sage,
S'envoler en criant des oiseaux de passage ?
La Mort est-elle belle et le Mal est-il bon ?
Veux-tu voir l'Homme ? Va songer sur les rivages,

Quand la mer en courroux lance ses flots sauvages
Sur un vaisseau cabré qui tire le canon!

  « Hélas j'ai vu de tristes choses
  « Et j'ai mis les mains sur mes yeux !
  « Puis, fixant les Cieux grandioses,
  « J'ai laissé Dieu maître des Causes,
  « Et Dieu m'a souri dans les Cieux ! »

Et quand tu t'es trouvé debout près d'une tombe,
Attentif au bruit sourd de la bierre qui tombe,
Pleurant quelque être cher, mort, qui vivait aussi,
Homme hier, — aujourd'hui moins qu'un grain de la plaine,
Toi, les bras vides, près de cette fosse pleine,
As tu levé la tête et dit à Dieu : Merci ?

  « Mon enfant, j'ai connu le doute ;
  « Mais comme je n'ai pas maudit,
  « Le Seigneur m'a montré sa route ;
  « Car il parle au cœur qui l'écoute
  « Et sait comprendre ce qu'il dit. »

Et moi, vieillard, j'entends le Ciel, j'entends la Terre
Se dire incessamment ce qu'on voudrait nous taire ;
Ne vois-je pas tourner le volant des saisons ?
Que sort-il nuit et jour des dents de l'engrenage ?
Des râles d'agonie et des cris de carnage :
La machine céleste est sourde, et nous passons!

« Mon fils, une âme endolorie
« Est de l'or vif en proie au feu.
« Heureux celui qui doute et crie :
« Car c'est en Dieu qu'est la patrie,
« Et la souffrance mène à Dieu. »

L'ORAGE

A Madame Honoré de Balzac

L'ORAGE

Thaliésin, à moi ! je veux rester Gaulois !
J'ai pour père le Vent, pour frères les Nuages,
Pour demeure la Terre aux cavernes sauvages
Et pour mère l'Horreur solennelle des Bois.

Je suis déshérité ; mais j'ai pour patrimoine
L'Univers radieux qui veillera sur moi ;
Je ne dois rien à l'Homme, et Dieu seul a ma foi ;
Si je n'étais croyant ainsi, je serais moine.

Civilisation, va-t'en de mon chemin ;
Tu n'amolliras pas mon âme indépendante !
J'aperçois le Satan du sombre Enfer de Dante
Sous ton masque de fille enduit d'un faux carmin !

A moi l'Air libre, à moi les Astres, l'Étendue!
A moi le Vent, à moi le Tonnerre grondant!
A moi Nature! O Vierge! ô Mère au cœur ardent!
Ouvre ton temple immense à mon âme éperdue!

*
* *

Quand l'antique Forêt, dans ses bras chevelus,
A rassemblé la horde éparse des Nuées,
Lorsqu'en ses profondeurs sourdement remuées,
Rentrent ses mille oiseaux qui ne gazouillent plus;

Lorsque les cerfs surpris brament, lorsque les vaches
Flairent l'Espace lourd et vont, sans savoir où,
Beuglant et remuant des cloches à leur cou,
Parmi les bûcherons qui font siffler des haches;

Quand l'Orage prélude ainsi qu'un grand concert,
Lorsque les voyageurs se hâtent sur les routes,
Quand, brusque, l'on entend la pluie aux larges gouttes
Plaquer ses rhythmes durs sur le feuillage vert,

Je m'élance, je vais attendre sur les cimes
Qu'au signal de l'éclair, archet des sombres Cieux,
L'Ouragan aux cent voix saisisse, furieux,
Ses trompettes, ses cors et ses harpes sublimes.

Ecoutons!... Sous mes pieds les bouleaux ont frémi;
Des souffles précurseurs font ondoyer leurs têtes;

Les aulnes balançant leurs nattes inquiètes,
Penchent leur front craintif que la lune a blémi.

Les hardis peupliers où clament les corneilles
Se bandent comme l'arc d'un gigantesque archer ;
Le houx farouche et rude, étreignant son rocher,
Griffe l'Air qui s'attaque à ses perles vermeilles.

En bas, un étang noir comme un drap de velours
Se moire autour des lys et des nénuphars jaunes,
Et berce, abandonnée à la garde des Faunes,
Une barque en ruine et des avirons lourds ;

Et plus haut, dans l'Espace, au niveau de ma vue,
Aussi loin que mes yeux s'en peuvent enivrer,
Les cimes des Forêts sentant le Ciel pleurer,
Roulent leurs grands flots verts que je passe en revue.

C'est une immense mer de feuilles et de nuit,
Avec ses rocs parfois à vif, sombres entrailles
Qu'entr'ouvrent tour à tour et ferment les batailles
Du grand Vent qui s'y plonge et s'y noie à grand bruit.

Elle a ses caps brumeux, ses cavernes, ses îles,
Ses houles, ses remous, ses courants tournoyants,
Ses combats de Titans et ses cris effrayants
Dans le cirque embrasé des horizons mobiles.

La Tempête redouble et rage. Cette fois
Hêtres, chênes, ormeaux, les géants centenaires

S'ébranlent, défiant les Eclairs, les Tonnerres,
Et s'appelant entre eux avec leurs grosses voix.

Au-dessus, noir troupeau que l'Orage accélère,
Les Nuages fouettés d'éclairs vont chevauchant,
Et leurs groupes zébrés se poussent, accrochant
Leur crinière de pluie aux Arbres en colère.

L'Espace lézardé par des lueurs de sang
S'ouvre, gronde, rugit et crache enfin la Foudre
Qui s'écroule, et soudain, comme un baril de poudre,
Eclate dans le cœur d'un chêne frémissant.

C'est alors que l'Orage, en toute sa furie,
Est un grand Barde en proie à l'inspiration.
Tout atome de l'Air vibre en son tourbillon,
La Forêt s'y fait harpe et toute fibre y crie.

O musique des Vents, des Bois, de l'Océan!
Cris des Arbres! clameurs des Eléments! rafales!
Vous êtes les échos des orgues idéales
Qu'étreignait le vieux Bach, qu'écoutait Ossian!

*
* *

Mais toi, divin Esprit, qui meus toutes ces choses,
Loin des villes de pierre où l'Homme est enterré,
Il faut, comme autrefois le Druide sacré,
T'aller chercher encor dans ces bruits grandioses!

J'irai Seigneur, j'irai ! Poursuivant l'inouï,
T'appelant au désert, fuyant les multitudes,
J'écouterai ta voix lisant aux solitudes
Le Sépher éternel de tous les Sinaï ;

Je baignerai mon cœur des flots de ta pensée
Dont la Terre, la Mer, les Étoiles, le Vent,
Les Forêts, les rochers et l'Univers vivant
Sont la Strophe à jamais dans l'Espace lancée.

Arbres, criez ! tonnez, Foudres ! Vents, rugissez !
Priez, priez pour l'Homme errant dans les ténèbres !
Pleurez, Cieux désolés ! Pleurez, larmes funèbres,
Les maux du temps présent, les maux des temps passés !

L'AMOUR CHARNEL

A Monsieur Adolphe Pelleport

L'AMOUR CHARNEL

L'Amour est le duel de deux Sexes en guerre.
Ou l'amant est taillé sur un patron vulgaire,
  Alors ce n'est qu'un sot ;
Ou bien, l'esprit bercé d'un rêve grandiose,
Il sent soudain le pli d'une feuille de rose,
  Et s'éveille en sursaut.

Le bonheur est semblable à ces lointains rivages
Que cherchent à travers les Océans sauvages
  Les hardis matelots.
Pour un Colomb qui touche à ces terres lointaines,
Combien d'infortunés, combien de capitaines
  Ont engloutis les flots ?

L'Amour ni le bonheur ne sont faits pour la terre.
Nous y passons, venant de l'éternel Mystère

  Auquel nous retournons.
Tout ce que nous fondons ici-bas croule et tombe;
Tout meurt; et le berceau nous conduit par la tombe
  Au Ciel d'où nous venons.

Quand Don Juan vit marcher le Commandeur de pierre,
Une clarté d'en haut foudroya sa paupière;
  Le libertin géant
Sentit l'Hiver glacé dans ses muscles d'athlète,
La Nuit dans son cerveau, la Mort dans son squelette,
  Dans son cœur le Néant.

Il comprit, mais trop tard, quand le muet prophète
Vint jeter le linceul sur sa robe de fête,
  La lueur dans ses yeux,
Que la source et la fin de notre destinée
Ne sont pas dans la chair, et son âme étonnée
  Se tourna vers les Cieux.

On a dit qu'il eut peur et qu'il fut hypocrite;
Non; il lut sa sentence en son erreur écrite
  Sur le mur du tombeau,
Et plongeant ses yeux d'aigle au fond du cimetière,
Il vit se dégager l'Ame de la Matière,
  La flamme du flambeau.

Ainsi, quand de Rancé, dans la tombe endormie,
Voulut revoir le corps de sa superbe amie,
  Quand un spectacle affreux
Poignarda par ses yeux sa grande âme brisée,

Désespéré du corps il aima la pensée,
      Fut moine et fut heureux.

Ami, si j'ai chassé tout amour de mon âme,
Si j'ai fermé ma lèvre aux lèvres de la Femme,
      C'est que j'aime plus haut;
J'aime l'Amour lui-même et la Beauté divine,
J'aime, dans l'Absolu, le Dieu que j'y devine,
      Et c'est Lui qu'il me faut!

Lorsque j'aurai conquis en Lui ma certitude,
Lorsque je sortirai du temple de l'Étude
      Pour entendre écumer
L'orageux Océan des passions humaines,
J'affronterai l'Amour, je braverai les haines,
      Je dompterai la Mer!

LE CALME

A Monsieur Jean Gigoux

LE CALME

Les Éclairs sont rentrés dans le fourreau des Nues ;
La Foudre, au loin, se perd de sommets en sommets.
L'Orage échevelé, l'Orage que j'aimais,
Faiblit sous l'ascendant de Forces inconnues.

L'éblouissant Soleil, s'entr'ouvrant un chemin,
Vient couvrir la Fôret d'un splendide mirage ;
La pluie hésite, et meurt de la mort de l'Orage,
Et l'Azur resplendit comme un bel œil humain.

Les Vents aux quatre coins de l'Espace céleste,
Comme des chiens hurlants que frappe un voyageur,
Sous les rayons dorés de l'Apollon vengeur,
Reculent, et font place au Zéphyre qui reste.

Les cimes ont repris leur doux frissonnement ;
Leurs flots verts, ruisselant de lumière vermeille,
Vers le Dieu qui les couve et qui les ensommeille
Elèvent un immense et frais gazouillement.

C'est un divin concert, c'est un charmant cantique
Qui monte vers le Ciel du sein profond des Bois.
Mille êtres innocents célèbrent à la fois
La Lumière de Dieu, leur bienfaitrice antique.

Sur les bords de l'étang qui brille, et dont les eaux
Reflètent, frissonnants, de vaporeux feuillages,
Le merle lance en l'air ses coquets persifflages,
Et le rossignol pleure à travers les roseaux.

Les cerfs, les faons joyeux et les biches vont boire,
Fendant l'air, revenant sur leurs pas, gambadant ;
Les deux pieds dans l'étang, ils rêvent, regardant
Leur portrait qui les suit du regard dans l'eau noire.

Amoureux élégants, ils s'en vont deux à deux,
A travers le mystère embaumé des ramées,
Les cerfs, les daims pressant les biches bien-aimées ;
Puis le feuillage vert se referme sur eux.

Ce sont partout des chants, des appels, des bruits d'ailes.
Sous les aiguillons d'or des désirs infinis,
Tous les tendres oiseaux palpitent dans leurs nids,
Depuis les roitelets jusques aux tourterelles.

O Nature! ô bonheur! ô Fôrets, temples verts!
La Tempête n'est plus en vous, elle est passée.,
Hélas, moi, je l'emporte au fond de ma pensée,
Cruel présent du Dieu qui conçut l'Univers!

PARIS

A Monsieur Victor Hugo

PARIS

O Paris! ô ville natale!
Que de fois mes désirs d'enfant
Ont cherché la splendeur fatale
De ton faux Olympe étouffant!

Que de fois, lisant tes poëtes,
J'ai rêvé que je m'envolais
A travers mes nuits inquiètes
Sur les clartés de tes palais!

Comme l'Arabe sous sa tente
Evoque, en ses songes secrets,
Stamboul à la nue éclatante
Ou La Mecque aux cent minarets,

Ainsi, sur des ailes de flamme,
M'emportaient palpitant vers toi
Les espérances de mon âme,
Mon amour sans tache et ma foi.

Tu m'apparaissais rayonnante
Sous ton diadème de tours,
Elevant ta voix, mer tonnante
De cloches, de chars, de tambours.

Immense écharpe dénouée
Sur tes dômes mystérieux,
Une éblouissante nuée
S'élevait de toi jusqu'aux Cieux,

Et la vie aux mille rafales
Dans tes seins de pierre montait
Comme un bruit d'orgues idéales,
Que le vent des nuits m'apportait !

« O ville sainte ! ô ma patrie !
« O Jérusalem d'Occident !
« A toi mes chants, mère chérie !
« A toi ma harpe, ô temple ardent !

« Du fond des steppes, des savanes,
« Puisqu'on voit les peuples courir
« Par innombrables caravanes
« Pour te saluer et mourir !

« Puisque la Science, œil de l'homme,
« Puisque l'Art, ce divin rayon,
« O fille d'Athène et de Rome,
« S'allument dans ton tourbillon ;

« Puisque de tes flancs grandioses
« Sortent les initiateurs,
« Les élus, les apothéoses
« Et les chants des triomphateurs,

« Je veux ma gloire en ta lumière,
« Je veux ma palme en tes combats,
« O la plus belle, ô la première
« Des cités saintes d'ici-bas ! »

* *

J'ai vu Paris ! Hélas ! mon rêve
A heurté la réalité ;
Son aile est brisée ; il s'achève ;
Le vent souffle : il est emporté !

Ce n'est plus Paris; c'est Byzance..
Le veau d'or, seul Dieu de ce temps,
Le tient déchu sous la puissance
De son temple de charlatans.

N'ayez plus peur, Prusse et Russie;
Calmez-vous, Alpes et Balkans :
Sur Jeanne d'Arc, pâle et transie,
Les filles dansent leurs cancans !

Velléda livre à Rigolboche
Son gui, sa serpe, ses trépieds,
Et Paris, vieux Titan, bamboche
Avec des grelots d'or aux pieds !

Oui, Paris perd la conscience
De son magnifique avenir.
L'Art, ivre, dit à la Science :
« Ma sœur, ne vois-tu rien venir ? »

Et rien ne vient, rien, sauf la honte,
Et l'ouragan des châtiments
Qui, du fond de cet enfer, monte
Gros de rudes effondrements.

Rien ne vient, sauf toi, Dieu terrible,
Qui surveilles les Nations,
Vannes leurs œuvres dans ton crible,
Et fais signe à tes noirs lions !

Brise ta harpe, ô ma pensée !
Plutôt que de chanter ici,
Dans cette Babel insensée
Que guette un destin sans merci,

Plutôt que t'avilir, ô Muse !
A distraire ces affolés
Qu'une fille infernale amuse,
O fille des cieux étoilés !

Plutôt que de frôler leur fange
Du bout rosé de tes pieds blancs,
Déesse, ouvre tes ailes d'ange,
Serre ta robe sur tes flancs,

Et fuyons Paris et ses fêtes !
Allons dire aux mers, au Ciel noir,
Le chant suprême des prophètes,
L'hymne muet du désespoir !

LE MAL BABYLONIEN

A Madame la Princesse Paléologue

LE MAL BABYLONIEN

Manfred, René, Werther, ombres, troupe sanglante,
Fantômes désolés, que voulez-vous de moi ?
Car c'est vous que j'entends, c'est votre marche lente,
C'est l'orchestre funèbre et le glas du beffroi.

C'est le chœur souterrain, c'est la musique étrange,
C'est cet appel d'en bas qui monte du dedans,
Concerts mystérieux qu'aucun bruit ne dérange,
Ni les chants, ni les voix, ni tous ces cris stridents.

Les boulevards sont gais; l'on boit autour des tables;
La prostitution ribaude; il est minuit;
Et sous ces becs de gaz, vos ombres lamentables,
Agitant des linceuls, m'appellent dans la nuit.

J'ai beau vouloir vous fuir, rire, lever ce verre,
Endormir ma pensée et me fermer les yeux ;
Les yeux fermés je vois votre troupe sévère
Qui m'appelle du geste et me montre les Cieux.

Qu'est-ce donc que les Cieux, qu'est-ce donc que la Terre,
Et lequel vaut le mieux d'y vivre ou d'y mourir ?
O morts, envolez-vous, si vous devez vous taire ;
Mais restez si d'un mot vous pouvez me guérir !

Le malheur rend amis et mon mal fut le vôtre.
Dans un siècle infernal où l'idéal s'endort,
Et laisse l'âme humaine à Satan qui s'y vautre,
Voir la Beauté divine est un arrêt de mort.

Demi-dieux égarés parmi des déicides,
Archanges exilés dans la nuit des enfers,
Qui pourrait prononcer contre vos suicides,
Et qui doit vous juger, si ce ne sont vos pairs ?

Vous portiez dans vos cœurs la force débordante
Que Moïse aspira dans les buissons ardents,
Et vous voyant captifs dans les Cercles du Dante,
Vous vous tordiez les bras et vous grinciez des dents !

Vous entonniez soudain les cantiques funèbres,
Les grands Miserere des modernes Sions,
Et votre âme brisant sa cage de ténèbres,
S'envolait comme un aigle affamé de rayons !

Où va ce siècle ? Hélas ! son aube est saluée
Par un concert divin de grands musiciens.
Une lueur immense empourpre sa nuée,
Et l'on voit resplendir des fronts olympiens.

Van Beethoven fait signe à Weber qui se lève ;
Mendelssohn va venir, et tout chante, pendant
Que sur le monde, au loin, la France étend son glaive
Qui sillonne la nuit d'un orage grondant.

Napoléon suivi de ses légionnaires,
Tourbillons de héros, aigles au vol de feu,
Se dresse, secouant d'innombrables tonnerres,
Comme pour révéler au monde un nouveau Dieu.

Les races de l'Europe en tous sens agitées
S'éveillent en sursaut du sommeil du passé,
Et la Gaule, enfantant d'un coup cent Prométhées,
Veut un corps de géant pour son rêve insensé.

Œuvre éphémère, rêve insensé ! Tout retombe ;
France, Europe, tout croule, et le Destin vainqueur
Fait signe à l'Angleterre, et l'on jette à la tombe
L'homme sans Foi vaincu par un monde sans cœur !

Hélas ! ce n'était pas la magnifique aurore
De l'Ere de bonheur promise aux Nations ;
Ce n'était que l'éclat d'un sanglant météore,
Et les concerts font place aux lamentations !

Après Goethe et Schiller, Byron se lève et crie.
De noirs pressentiments saisissent les plus grands.
Mickiéwitz en deuil pleure sur sa patrie,
Et Schelley tombe et râle au sein des flots errants.

Il faut être attentif aux chants des vrais poëtes
Lorsque l'on veut savoir où va l'humanité ;
Et quand, du nord au sud, ces harpes inquiètes
Frémissent au grand vent de la fatalité,

Quand, de l'est au couchant, les âmes les plus hautes
N'aspirent qu'à la mort et s'exclament ainsi,
C'est que l'Esprit divin, repoussé par ses fautes,
Abandonne ce globe à des lois sans merci.

Comment éclatera la tempête divine ?
D'où jaillira l'éclair justicier ? Je ne sais ;
Mais l'issue est fatale ; et, voyant, je devine
A quels gouffres de maux vont ces temps insensés.

J'ai dit, je pars : Adieu ! Leurs travaux ni leurs fêtes
Ne me suffisent plus. Je hais leur faux progrès,
Et je n'y prendrai part que, semblable aux prophètes,
Pour graver sur leurs murs : Mané, Thécel, Pharès !

Je ne veux nulle place ici, ni la première,
Ni la dernière, ni la place du milieu.
Je veux la Vérité, la Beauté, la Lumière,
Et je n'ai que dégoût pour ce chaos sans Dieu !

L'ATLANTIQUE

A Madame la Comtesse d'Alton-Shée

L'ATLANTIQUE

Ecoute! Cette voix colossale, infinie,
Qui, nuit et jour, depuis des milliers de mille ans,
Soulève jusqu'aux Cieux sa profonde harmonie,
C'est l'âme de la Terre, à l'étroit dans ses flancs.
Ecoute! Elle sanglote, elle clame, elle gronde!
Son nom? C'est l'Océan venant broyer son onde
Sur l'antique Bretagne aux remparts de granit;
C'est la houle accourant des immensités sombres,
Ecume au vent, nuée au front, charger les ombres
Des caps retentissants où l'Europe finit.

Regarde! Sous la lune errante qui l'éclaire,
C'est lui, c'est l'Océan, le roi de l'horizon!
Il branle son tonnerre, il heurte sa colère
Aux souterrains géants de sa dure prison.

Vents, sonnez! Déferlez, flots! Galopez, nuées!
Nos bardes, autrefois, crinières dénouées,
Harpes aux mains, hantaient vos farouches concerts;
Ils sont morts; mais leur âme en vous tournoie et passe,
Elle m'appelle au fond du ténébreux espace
A ces fêtes de deuil des vagues et des airs.

Atlantique, salut! J'aime tes promontoires
D'où des troupeaux d'oiseaux s'envolent le matin!
J'aime ces golfes blancs et ces cavernes noires
Qui se mordent les flancs dans le brouillard lointain!
J'aime l'enseignement de tes ondes sans bornes,
Leur bataille éternelle avec ces écueils mornes,
Leurs bonds vertigineux et leurs gouffres béants;
J'aime, dans ce Ciel noir, l'éclair tirant son glaive
Sur ton immensité qui s'abaisse et se lève
Comme les boucliers d'un combat de géants!

Ce vent, ces cris stridents, ces souffles, ces murmures
Qu'un silence effrayant entrecoupe parfois,
Ces caps sonnant au loin comme un amas d'armures
Que cent mille escadrons graviraient à la fois,
Cette lune entr'ouvrant les flancs noirs de l'orage,
Cette écume, ces flots se hérissant de rage,
Ce tonnerre éclatant, mille fois répété,
Ce chaos en travail, ces ombres, ces abîmes,
Me semblent le tableau de mes douleurs intimes,
Et j'y bois à longs traits une âcre volupté!

C'est que l'âme du Barde, à l'étroit dans ce monde,
Se débat comme toi, se dresse dans les Cieux,
Et retombe en criant dans sa chair inféconde,
Sans pouvoir apaiser ses désirs furieux.
Fille de l'Infini, comme toi, Mer superbe,
Elle a pour vent l'Esprit, pour tonnerre le Verbe,
Pour écueils les vivants, pour flots ses passions ;
Et sa voix, poésie ou musique, est plus belle,
D'autant que le génie ardent qui bout en elle
Cherche plus haut le but de ses ambitions.

MISÈRE

A Monsieur Philippe de Faye

MISERE

Tu ne dompteras pas mon âme, ô pauvreté !
Tes coups en m'accablant raidissent ma fierté,
Et le sort implacable, en me frappant, l'allume.
Ainsi, quand le fer rouge est en proie à l'enclume,
Et subit le marteau pesant du forgeron,
Il répond par des cris semblables au clairon,
Il crache autour de lui des étoiles dans l'ombre,
Et chaque heurt qui fait trembler l'atelier sombre,
Fait bondir plus puissant l'âpre ami de l'aimant
Et le rend plus rigide en son accablement.
 Frappe, Destin ! Ton bras en forgeant le génie,
En suscite à la fois la flamme, l'harmonie,
Et la force secrète, et la mâle vertu !
Frappe, bourreau ! Mourant, mais non pas abattu,

Je souris à tes traits sur ces sombres rivages,
Et chante au pilori comme font les sauvages.
Frappe! Je veux subir tes coups multipliés
Plutôt que de rentrer dans les chemins frayés,
Sans sortir lumineux de l'ombre expiatoire
Et tenir à la main la palme de victoire.
Frappe! Frappe à deux poings, et ne fais pas quartier!
Car si je dois tomber, je veux tomber entier,
Seul, inconnu de tous, flottant dans le mystère,
De ce fleuve brumeux de la froide Angleterre,
Et n'ayant, pour pleurer à mon enterrement,
Que cette lune rouge en ce noir firmament.

Frappe, butor! Le Ciel tomberait sur la terre,
Qu'il briserait mes os, mais non mon caractère,
Mon crâne et non mon cœur, où la Divinité
A mis le feu sacré de l'Immortalité.

Va! Va donc! car jamais, non jamais la misère,
Ni la faim qui me mord, ni l'ennui qui m'enserre
Ne me feront crier que j'ai tort de chérir
L'Idéal qui m'embrase à me faire mourir.
La mort? Eh! qu'elle vienne! Et ma terre promise
Roulera dans ma tête au fond de la Tamise;
Mais en jetant ma chair à ce monde exécré,
J'irai vers Dieu, brûlant toujours du feu sacré,
Et je lui dirai : Dieu! j'ai tenté l'impossible;
« Je ne suis pas dompté, je remonte invincible
« Et prêt à repartir dès que tu le voudras;
« Mais alors, Tout-Puissant, alors arme mon bras
« Du glaive à deux tranchants et non plus de la lyre!
« Pour dominer ce siècle et vaincre son délire,

« Ne m'accorde pour voix que le cri de l'acier !
« Oui, donne-moi le char de guerre, le coursier,
« Les légions soufflant le fracas des trompettes,
« Les éclairs, le tonnerre, et l'esprit des tempêtes !
« Oui, donne-moi le mal, comme tu m'as donné
« Le bien que j'apportais à ce monde damné ;
« Et tout ce qu'on peut faire avec la race humaine,
« Mon amour le fera, si tu permets la haine ! »

LETTRE

A Madame la Comtesse E. d'H.

LETTRE

Nous causions. L'Océan semblait miner la Terre ;
      Les Vents du Nord se lamentaient ;
Debout sur les récifs de l'île solitaire,
Un phare au loin brillait, entr'ouvrant le mystère
      Des vagues folles qui montaient.

Nous causions, lui, songeant aux blanches Pyrénées
      Où plane l'aigle au vol puissant ;
Moi, lui parlant du vent et du vol des années,
Je lui montrais du doigt les flots, ces destinées
      Que les orages vont poussant.

« Si tu savais ! Ces monts, vieillards au front de neige,
      « Au printemps, comme ils sont fleuris !
« L'élégante cascade en robe de barége
« Roule, bondit, éclate, et jette son arpége
      « A travers l'écharpe d'Iris ! »

Hélas! Si tu savais, répondais-je au poëte,
　　　Quelles sont les fureurs des flots,
Et la force des vents où fuit cette mouette!
Peut-être que ces cris dans la houle inquiète
　　　Sont des râles de matelots!

« Que de fois, sur le bord des pics vêtus de mousse,
　　　« Où se suspend l'isard léger,
« J'ai regardé crouler le lourd torrent qui mousse,
« S'écrase, disparaît et renaît, source douce
　　　« Que lapent les chiens du berger! »

Que de fois, soulevant ma tête dans la brume,
　　　Seul, nageant sur les sombres mers,
J'ai dit au flot : Qu'es-tu, mon beau coursier d'écume?
Quelque fleuve englouti, quelque source posthume,
　　　Et maintenant des pleurs amers!

« O mes bois adorés! O campagnes aimées,
　　　« Disait-il, un sourire aux yeux!
« Lacs bleus, miroirs d'argent où nos nuits embaumées
« Réfléchissent les feux des célestes armées!
　　　« Pays natal, tu veux les cieux! »

Illusions, bonheurs, femmes, printemps et roses,
　　　Tout se dissipe en souvenir.
Rien ne dure. Le temps rend vaines toutes choses.
L'Océan seul est grand. Viens à lui, si tu l'oses :
　　　Il te parlera d'avenir!

Il te dira la vie et l'histoire des âmes
   Qui roulent dans le flux humain,
Les caprices des mers, les caprices des femmes,
Et que celui qui vogue à la merci des lames
   A le gouffre pour lendemain.

Il te dira le mot de l'immensité sombre
   Et la douleur de vivre seul,
Les bras ouverts au vide, et n'étreignant dans l'ombre
Qu'un vent froid, imprégné d'amertumes sans nombre,
   Qui vous glacent comme un linceul.

Mais pardonne! je vois la douleur, ma maîtresse,
   Jeter son voile sur tes yeux :
Causons de tes amours à la douce caresse,
Quand l'Océan se plaint, mon âme est en détresse
   Comme son sein mystérieux!

Alors, se redressant avec son doux sourire,
   Il me dit : Je vais te conter
Mon poëme d'amour, et, si tu veux l'écrire,
Ton Ciel noir laissera mon Ciel bleu lui sourire.
   Prends la harpe, je vais chanter!

Rapide oiseau des mers, porte à la blonde dame,
   A travers les plaintes du vent,
A travers les sanglots du pêcheur qui rend l'âme,
A travers les élans de la vague qui clame,
   Sur l'Océan, linceul mouvant,

Alcyon porte au loin vers les monts de l'Espagne
Ce chant de troubadour qu'un trouvère accompagne
   En pleurant;
Si tu tombes blessé, présente-lui ton aile;
Si tu meurs, tourne-toi vers sa douce prunelle
   En mourant!

Là-bas, qu'est-ce ? Un cheval qui dévore l'espace
   Sous l'allée aux ombrages lourds.
Qui le guide ? Une femme, elle glisse, elle passe
   Avec sa robe de velours.

Le soleil qui l'inonde à travers le feuillage
   Joue avec ses cheveux dorés;
Elle vole en chantant, comme un flot sur la plage,
Et sa cavale arabe au chatoyant pelage
   Fuit dans des nimbes éthérés.

C'est le soir. Une barque effleurant l'herbe ombreuse
   S'abandonne aux jeux du zéphir;
L'aviron suspendu sur l'onde vaporeuse
   Pleure des larmes de saphir.

Quelle est donc cette femme inclinée et pensive
   Qui s'enivre du bruit des eaux ?
O barque, arrête-toi! Fleuve, brise lascive,
Nymphes, déposez-la sur les lys de la rive
   Parmi les palpitants roseaux!

C'est la nuit. D'où donc vient la voix mélodieuse
  Qui s'envole au fond du parc vert ?
Le rossignol suspend sa roulade amoureuse :
  O Ciel ! les adieux de Schubert !

Entendez-vous grandir en vagues d'harmonie
  Ces accords si graves, si beaux,
Enlaçant cette plainte éternelle, infinie,
Qui monte à toute lèvre, hélas ! quand l'agonie
  Entonne l'hymne des tombeaux ?

Silence ! On voit briller dans le lointain de l'ombre
  L'ogive étrange d'un manoir.
Tout se tait. Une femme est inclinée et sombre ;
  Elle songe : le Ciel est noir !

Elle a plongé ses mains dans le fleuve de vie ;
  Mais l'onde avait le goût des pleurs.
O Schubert ! tu connus tout ce que l'âme envie,
Et ta lyre divine, hélas ! tu l'as ravie
  Au temple éternel des douleurs !

Hier l'Amour avec la Sérénade folle,
  Aujourd'hui la Mort et l'Adieu !
Christe Eleizon ! Tout passe, le temps vole :
  Recommandons notre âme à Dieu !

Comtesse, pardonnez. Je voulais vous sourire
   Pour répondre aux vœux d'un ami;
Hélas! j'ai pris ma plume, afin de vous écrire,
Aux ailes de l'Amour! — Oserais-je le dire ?
   Elle saignait. — *Remember me!*

Songez à l'exilé de vos routes ombreuses,
   Il suit le vol des alcyons.
Vous le voyez : pendant vos veilles douloureuses,
   Nous causions !

SUICIDE

A M. le Vicomte Godefroy

SUICIDE

Oh! pourquoi, pourquoi donc rappeler à la vie
Cet autel de douleur, ce corps déjà glacé,
Ce haillon? pourquoi donc l'avez-vous ramassé?
Est-ce que, même mort, j'excite encor l'envie?

Pourtant je me croyais déjà sur l'autre bord;
J'avais vu s'éclipser des ombres odieuses,
Et j'entendais chanter des voix mystérieuses
Qui, d'en haut, m'appelaient, disant : « Voici le port! »

Je sentais par degrés cette matière immonde
S'amincir comme l'or qui passe au laminoir.
Le voile de mes sens moins opaque, moins noir,
Devenait perméable au jour de l'autre Monde.

O charme de la mort! O calme! O majesté!
De l'Espace et du Temps j'atteignais la limite,
Je sentais vaguement le vent d'un autre orbite,
Et je songeais..... Seigneur! c'est donc l'Eternité?

Non. Le Temps me reprend. J'entr'ouvre la paupière,
Et, trahi par la mort, vendu par le poison,
Je vois des médecins rebâtir ma prison
Qui demain eût été captive sous la pierre.

Quel droit croyez-vous donc avoir sur moi, vous tous?
Ces membres et ce cœur, ces os et ces viscères
Etaient las de s'unir pour loger mes misères ;
Qu'est-ce donc que cela pouvait vous faire, à vous?

Pourquoi mettre les mains entre l'arbre et l'écorce?
Pouvez-vous accorder l'Esprit avec la chair?
Pouvez-vous réunir le nuage et l'éclair,
Quand la foudre est tombée en hurlant leur divorce?

Ce monde est-il changé depuis quelques instants?
Est-il plus habitable et plus beau qu'avant l'heure
Où j'ai fait écrouler ma charnelle demeure
Pour aller vers les Dieux par le puits des Titans?

C'est bien, faites votre œuvre, ô Sagesse insensée!
Penchez-vous sur ce cœur, examinez ces yeux;
Vous en sauriez plus long et vous y verriez mieux
Si je vous permettais d'ausculter ma pensée!

LE PASTEUR

A Monsieur Georges Pallain

LE PASTEUR

  Laissez-moi! j'ai brisé des ailes
Vos sectes, vos partis, vos classes, vos rumeurs.
Que me font votre foi morte, vos lois, vos mœurs!
  Je viens des cimes éternelles,
  Je tombe sur terre et j'en meurs!

  Oui, je me meurs du mal de vivre.
Chaque être a son milieu : le mien n'est pas ici.
Qu'y faire ? Je ne veux ni pitié ni merci.
  Ce n'est pas l'orgueil qui m'enivre;
  C'est le Vrai qui m'enlève ainsi.

  Croire en Dieu ? Parole imprudente!
Si je n'y croyais point, je ne souffrirais pas
Du règne des erreurs qui jettent ici-bas

A Jésus l'agonie ardente,
Et qui font grâce à Barrabas !

Croire en Dieu ! Qu'avez-vous dit, prêtre ?
Savez-vous ce que c'est que la Divinité ?
Avant d'être l'Amour, Elle est la Vérité !
Pour l'aimer il faut la connaître,
Et l'on en meurt de volupté !

Elle est si grande, Elle est si belle,
Que l'Univers entier ne peut la renfermer,
Que tout esprit s'enfuit de sa chair, à l'aimer ;
Et que la Mort, ce baiser d'Elle,
Peut seule ici-bas me calmer !

LA SOEUR

A Madame la Comtesse Georges de Mnisjech

LA SŒUR

O ma sœur ! O sainte femme !
Ange au regard sombre et doux !
Vous avez mis dans mon âme
La grâce qui vit en vous !

J'écoutais les heures lentes,
Et lorsque sonna minuit,
Mes yeux en larmes brûlantes
Se fondirent dans la nuit.

Car je songeais au mystère
Du Temps, de l'Éternité,
Aux tristesses de la Terre,
Aux maux de l'Humanité ;

A ma mère, à la souffrance
De mon printemps sans amours,
A tout ce qui fut la France,
Au lourd fardeau de mes jours !

A ma vie improductive,
A mes vingt ans révolus,
A ma sombre tentative
D'être libre en n'étant plus !

Et mes pleurs coulaient sans nombre,
Et j'écoutais tristement
Ces malheureux qui dans l'ombre
Dormaient si profondément.

Soudain vous êtes venue,
Grave, une lampe à la main,
Et j'ai cru voir dans la nue
L'Étoile du Genre Humain !

A travers vos doigts d'opale
S'échappaient des rayons d'or ;
Vous veniez, légère, pâle,
Ange et pourtant femme encor !

Je vis votre noble tête
Aux traits purement sculptés
Se pencher, triste, muette,
Sur tous ces déshérités,

Et cachant en moi ma plainte,
Je m'essuyai les deux yeux
Pour mieux suivre, ô fille sainte !
Vos mouvements radieux.

Mes voix s'écrièrent : « Barde !
« Je suis l'Esprit-Dieu, ton Roi,
« Voici la Muse, regarde !
« Prends courage et repens-toi !

« Ne te plains pas : on t'écoute.
« Console les malheureux ;
« Garde pour toi seul le doute,
« Et verse ta foi sur eux.

« Sois mon témoin solitaire
« Parmi ces endoloris ;
« Enlève-les de la terre
« Et change en hymnes leurs cris.

« Rude aux hommes, doux aux femmes,
« Vengeant ma Divinité,
« Sonne le réveil des âmes
« A travers l'Humanité ! »

C'est pourquoi soyez bénie,
Ma sœur, car en vous voyant
J'ai vu la Grâce infinie
Frôler la Terre en priant ;

Et quand vous êtes passée
Avec votre voile blanc,
Quand votre main s'est baissée,
Fraîche, sur mon front brûlant,

Sous la lampe au jour bleuâtre,
Triste encor, mais presque heureux,
J'ai pris cette main d'albâtre
Entre mes dix doigts fiévreux,

Et, souriant, sous le charme,
Sentant mon cœur se briser,
Ma sœur, j'y mis une larme
N'osant y mettre un baiser!

L'ENFANCE

A une Enfant

L'ENFANCE

Une ode à cette enfant, Princesse ? Oui, mais comment
Ajouter de l'azur au bleu du firmament,
      Une étoile aux astres sans nombre,
Une blancheur au cygne, une perle au torrent,
      Une musique aux voix de l'Aube murmurant
      Les chants du Jour à la Nuit sombre ?

O charme maternel! O grâce de l'Enfant!
Le poëte immortel, le peintre triomphant,
      Recueillis devant vos images,
Ont tout à recevoir en bénédiction,
Et n'ont à vous donner que l'admiration,
      La myrrhe et l'encens des Rois Mages.

Près de vous, les plus grands d'entre nous que sont-ils ?
Près de vos voix mêlant leurs amoureux babils,

Et de baisers entrecoupées,
Que valent nos accents ? Le son de l'Angelus
Éveillant les berceaux et les nids, en dit plus
Que les plus belles épopées.

Raphaël peut tracer sous un firmament bleu
Une femme attentive aux jeux d'un enfant-Dieu;
Le vrai génie est dans la mère.
Le modèle vaut mieux que le reflet surpris;
Et les gazouillements enfantins, les doux cris
Sont plus beaux que les chants d'Homère.

La Poésie ? hélas ! elle n'est pas en nous ;
Elle descend de tout ce qui met à genoux
L'Homme devant quelque mystère,
Et quand on croit entendre un poëte chanter,
Il ne fait qu'épeler, il ne fait qu'écouter
Ce que le Ciel dit à la Terre.

L'ombre est tout attendrie et tremblante d'amour,
Quand l'Aurore divine à l'orchestre du Jour
Montre sa baguette vermeille ;
Et ses milliers d'oiseaux font taire dans les bois
Les appels douloureux que les nocturnes voix
Mêlent à l'heure où l'on sommeille.

Ainsi le sombre cœur en proie aux passions
Retrouve les candeurs de ses illusions

L'ENFANCE

Près d'un enfant qui balbutie ;
Et quand les nations, sur ce globe pervers,
Invoquèrent le Dieu caché de l'Univers,
    Un bébé devint leur Messie.

Noël! cria la terre ; et les harpes du Ciel
Répondirent soudain dans les soleils... Noël!
    Et la Terre en fut rajeunie ;
Et l'Humanité mère, en un frémissement
D'espérance et d'amour, vit dans le firmament
    L'Enfant-Dieu qui fut son génie.

Pendant mil huit cents ans, cet enfant merveilleux
A porté dans ses bras ce globe au haut des Cieux
    Comme un charmant nid de colombe ;
Depuis mil huit cents ans il le tient suspendu
Sur les arbres sacrés du Paradis perdu ;
    Mais le globe aujourd'hui retombe.

Il roule dans le vide, il rentre dans la nuit ;
L'effroyable Satan tourbillonne, il le suit,
    Il le flagelle, il l'accélère ;
Du vent de sa grande aile il le pousse au néant,
Au chaos entr'ouvert, à l'abîme béant,
    A l'Enfer bouillant de colère,

Et le berceau de l'Homme en devient le tombeau !
L'Espérance et l'Amour éteignent leur flambeau.

La Foi s'envole épouvantée,
Et, dans l'Europe en proie aux doutes écœurants
Que reste-t-il ? Un aigle aux ongles fulgurants
    Accroupi sur un Prométhée.

O terre ! ô Ciel ! ô Dieu ! Que s'est-il donc passé ?
C'est que l'Homme a détruit, sans l'avoir remplacé,
    Ce qu'avait fait pour lui la Femme ;
C'est que son faux savoir a soudain détrôné
Un Enfant radieux, au front illuminé
    Par une colombe de flamme.

*
* *

Heure d'innocence et de foi !
Heure du doux réveil des choses !
Enfance ! ô ravissant émoi
D'une âme sur des lèvres roses !
Aube créatrice où tout luit
Où ce qui reste de la nuit
Recèle une mère qui veille !
Sois sainte et bénie à jamais,
Heure où sur les divins sommets,
L'Orient ouvre sa merveille !

Sous l'humble toit, dans le palais,
Dans le wigwam et sous la tente,
Partout où dansent les reflets
De l'Aube à la gorge éclatante,

Partout où sur un nid moelleux,
Sur deux yeux charmants, bruns ou bleus,
Se penche une mère ravie,
Partout où flamboie un rayon,
Dieu montre à la Création
Le secret divin de la Vie.

Le grand Invisible est présent
Dans toute étreinte maternelle ;
Son rayonnement tout-puissant
Brille à travers toute prunelle
Où l'Amour s'allume et sourit.
L'Univers plein de son Esprit
Est son enfant ; et la Nature
Est la mère aux seins flamboyants
Dont les yeux, divins orients,
Eclairent toute créature.

Rien ne meurt, tout naît et renaît,
Les Saisons, les Hommes, les Mondes !
O Père divin, qui connaît
Tes Forces à jamais fécondes ?
La Mort même ne détruit pas.
On retrouve, en haut comme en bas,
Ta profondeur impénétrable.
Aurais-tu donc fait la Beauté,
L'Amour et la Maternité,
Si tu n'étais pas adorable ?

Aurais-tu donc formé nos corps
Ainsi que des lyres physiques,
L'Ame avec ses divins accords,
L'Esprit céleste et ses musiques,
Le feu sacré des facultés
Et les puissantes voluptés
Des tendresses et des prières,
Si tu n'étais, ô Roi des Cieux !
Le Père le plus merveilleux
Et la Perfection des mères ?

Faux savoir de l'Homme, qu'es-tu ?
Sais-tu pourquoi germe la graine,
Par quelle étonnante vertu
La Vie est partout souveraine ?
Sais-tu ce que couve la Mort ?
Sais-tu pour quel but divin sort
L'âme d'un corps à l'agonie ?
Sais-tu de quel pays revient
L'Enfant, et de quoi se souvient
Sa vie où vibre une harmonie ?

Sais-tu ce qui tient réunis
Ce que l'on voit et l'Invisible ?
Pourquoi les soleils infinis
Suivent là-haut leur cours paisible ?
As-tu vu vers quels buts sacrés
Roulent ces grands corps éthérés

Où le Verbe éternel ruisselle,
Et d'où viennent leurs tourbillons
Exécutant par millions
La Symphonie Universelle.

Sais-tu ce qui règle le cours
Des naissances, des destinées,
De la roue énorme des jours,
Des nuits, des mois et des années ?
As-tu vu sur les grands cadrans
Des siècles, des cycles errants,
La minute engendrer les heures,
Le temps rhythmer l'Eternité
Et la Mort l'Immortalité
De l'Homme aux célestes demeures ?

As-tu sondé l'air et l'éther
Et sais-tu ce qu'y font les Ames
Avant de se précipiter
Dans le cœur attractif des femmes ?
Qu'est le passé ? Qu'est l'avenir ?
L'Espérance est un souvenir,
Le Souvenir une espérance,
La Vie un renouvellement,
Et la Mort ? l'oubli d'un moment
Et le sommeil d'une souffrance.

Va donc, Prométhée insensé!
Va! La moindre mère qui prie,
Tenant son enfant enlacé,

En sait plus que ta rêverie!
Va, le moindre enfant à genoux
Offrant tout bas à Dieu, pour nous,
Les lys blancs de sa conscience,
Plonge plus haut dans l'Infini
Que le télescope terni
De ton incomplète science.

* *

Princesse, si j'étais Gaspard ou Melchior,
  Ou Balthazar conduit par l'Ange,
Je fixerais mes yeux sur quelque étoile d'or ;
Je la regarderais poursuivre son essor
  Dans la rayonnante phalange.

Puis j'interrogerais ses feux olympiens ;
  J'aurais adopté la plus belle ;
J'invoquerais le Dieu des Mages chaldéens,
Et je vous tracerais en signes lybiens
  Le thème des jours d'Isabelle.

Je voudrais sur son front répandre la Beauté
  Comme une essence aromatique ;
J'y voudrais l'auréole et l'Immortalité ;
Je mettrais dans son cœur la céleste Bonté,
  Dans sa bouche un divin cantique.

J'appellerais le chœur des Esprits familiers,
    Depuis l'Ange jusqu'à la Fée :
Chacun portant un don, ils viendraient par milliers,
Se déployant au loin jusqu'aux cieux oubliés
    Où Dieu mit la lyre d'Orphée.

Et la brune Isabelle aurait de tels présents,
    Tant de puissance, tant de grâce,
Que monstres et démons humbles et frémissants,
Transformés par sa vue, épris de ses accents,
    Viendraient soudain baiser sa trace.

Mais à quoi bon ? Eussè-je un pouvoir surhumain,
    N'êtes-vous pas mère et poëte ?
Un beau jour n'a-t-il pas trouvé son lendemain,
Et ne posez-vous pas de votre blanche main
    Votre couronne sur sa tête ?

AMITIÉ

A une Jeune Fille

AMITIÉ

Il est trop tard, enfant, n'approchez pas du vide.
Il est un gouffre en moi que je trouve partout.
Rien, sur terre, ne peut combler mon âme avide :
Je n'ai joui de rien et je suis las de tout.

Je pourrais vous tenir un tout autre langage ;
Mais je souffre beaucoup, et vous m'excuserez
D'avoir plus de raison qu'il ne sied à notre âge,
Et d'en vouloir glisser sous vos cheveux dorés.

Voyons, ma belle amie, écoutez, je vous prie.
Vous avez lu beaucoup de romans, n'est-ce pas ?
Car, que faire en Bretagne, en cette seigneurie,
Avec la lande autour et la mer à cent pas ?

Vous avez lu Byron sans doute, bien qu'Anglaise,
Et Shakspeare peut-être et Lamartine aussi ?
Gardez votre blancheur, lys de cette falaise;
Vous êtes vierge et pure, et je vous aime ainsi !

Oui, nous pourrions graver nos noms sur ces érables ;
Nous pourrions nous tromper ; je pourrais consentir ;
Je suis jeune : vos yeux d'azur sont adorables ;
Mais non ! Je partirais plutôt que de mentir.

Je suis las des sillons, je répugne aux ornières,
Et je n'ai de recours contre l'affreux ennui
Que de m'enfuir bien loin des tristesses dernières
De ce vieux continent qui n'a plus d'âme en lui.

Aussi je suis de tous les hommes de ce monde
Celui qui peut le moins se fixer à ce sol.
L'Atlantique me tente, et j'en regarde l'onde,
Et, ce soir ou demain, j'y puis prendre mon vol.

Ce n'est pas gai, là-bas, de prairie en prairie,
De suivre un vagabond qui chasse le bison.
Croyez-moi, demeurez près de cette mairie
Et de ce bon clocher surveillant l'horizon.

Nous parlons ici-bas deux langues différentes :
A quoi bon nous unir, ne nous comprenant pas ?
Vous sentiriez bientôt des flammes dévorantes
En voyant votre vie enchaînée à mes pas.

Vous cherchez le bonheur, et je suis l'infortune,
Il vous faut un appui dans la stabilité :
Le repos des élus vous sied ; il m'importune.
Autant vaudrait aimer ce golfe tourmenté.

Vous trouverez un jour ce qui vous fait envie,
Un cœur fait pour le vôtre, un cœur simple et pieux
Qui suivra les sentiers rebattus de la vie,
Sans s'élever bien haut, mais sans tomber des cieux.

Or d'ici là, follette, étouffez dans votre âme
Le reptile enflammé qui vous mord en rampant ;
Et souvenez-vous bien que la première femme,
Croyant saisir le Ciel, n'étreignit qu'un serpent.

Je n'en dois pas plus dire : un Dieu scelle ma bouche
D'un charbon dévorant ; il me dit : « Sois discret !
« Le feu sacré consume à jamais ceux qu'il touche.
« Ne tente pas l'Amour : il te dévorerait ! »

Ah ! ne me forcez pas à devenir parjure !
S'il faut vous supplier, je suis à vos genoux !
Restez vierge ! oubliez ! guérissez ! Je vous jure
Que votre ange gardien met son glaive entre nous !

Faites-moi cette joie au milieu de ma peine !
Qui sait où je serai dans un mois, dans un an ?
Qu'en repensant à vous mon âme soit sereine,
Et qu'elle dise : « Ici l'Ange a vaincu Satan ? »

Enfant ! Si vous saviez ! mais à quoi bon le dire ?
Non ! Je viendrai vous voir quand vous aurez dormi,
Et demain, nous rirons au lieu de nous maudire.
N'étant pas votre amant, je reste votre ami.

ASCÉTISME

A une Jeune Femme

ASCÉTISME

Femme, peux-tu changer l'eau des mers en eau douce?
Peux-tu dire au désert de se couvrir de mousse
        Et d'enfanter des oasis?
Peux-tu dire aux serpents de devenir colombes?
Es-tu Dieu, pour créer? Peux-tu rouvrir les tombes
        Et ranimer les morts transis?

Peux-tu dire au Mont-Blanc de se couvrir de roses?
Aux maudits, aux damnés, de n'être plus moroses
        Et de chanter un hymne au ciel?
Peux-tu dire à Satan d'être amoureux et tendre,
A l'éclair d'être calme, au tonnerre d'attendre,
        Au volcan d'écumer du miel?

Peux-tu, rien qu'en levant l'index de ta main blanche,
Conjurer l'ouragan, contenir l'avalanche,
      Empêcher la mer de monter ?
Peux-tu, rien qu'en ouvrant ta bouche enchanteresse,
Guérir le Juif-Errant de sa longue détresse
      Et dire au Temps de s'arrêter ?

Peux-tu faire, d'un mot, que la Mort soit la Vie,
Et que de l'Infini la dévorante envie
      Devienne le bien souverain ?
Que ramper ici-bas, marcher sur cette terre,
Ne soit pas un contraste infâme au grand mystère
      De ce Ciel superbe et serein ?

Peux-tu guérir des fruits de l'arbre de science,
Et faire de son ombre une lumière immense,
      Capable de tout éclairer ?
Peux-tu donner l'oubli comme le fleuve antique ?
Coule-t-il dans tes nerfs un torrent magnétique
      Qui puisse tout transfigurer ?

Es-tu le *Fiat Lux* de la nuit qui nous couvre ?
N'as-tu qu'à commander pour que l'Eden se rouvre
      Malgré l'archange au glaive d'or ?
Peux-tu prier Orphée et le Christ de renaître
Et d'ôter au Dieu mort les puissances de l'Etre
      Pour les diviniser encor ?

Peux-tu peupler de dieux la terre tout entière,
Réenchanter le temps, redorer la Matière
  Et repétrir l'humanité ?
Peux-tu corporiser la Lumière idéale ?
Peux-tu dans tes deux mains prendre la lune pâle ?
  Es-tu Femme ou divinité ?

As-tu les clefs de l'air, de la terre et de l'onde ?
Peux-tu, du bout du pied renversant ce vieux monde,
  Le remettre au feu des sept jours ?
Si tu le peux, je t'aime et te veux pour maîtresse,
Et je te rempliral d'une magique ivresse,
  Maintenant, demain et toujours !

PRIERE

A Madame V. Faure

PRIÈRE

O Père! ô Fils! Esprit! Splendeur de ma pensée!
Du Domaine terrestre au Royaume des Cieux
Mon amoureuse voix vers toi s'est élancée
En s'écriant : « Je crois! Louange au Dieu des Dieux! »
Je pouvais ne pas être ; et dans ma chair ravie
J'aspirai ton Essence en respirant la Vie;
Je pouvais t'ignorer : tu me dictas tes lois;
Je pouvais, comme font ces savants en délire,
Te blasphémer : tu mis dans mon corps une lyre,
Sous mon front ta Magie et dans mon cœur ta Voix!

Soleil de l'Art divin, Justice, Amour, Science,
N'es-tu pas le miracle à tout jamais vivant?
N'es-tu pas en tous lieux la grande Conscience
De l'Ordre Universel où ces fous vont rêvant?

N'es-tu pas l'Idéal Réel et le Génie
Qui du Mal et du Bien ne fais qu'une harmonie
Et contiens l'Univers dans la Sainte Unité ?
N'es-tu pas le Principe et la Fin formidable ?
N'es-tu pas l'Inouï, l'Absolu, l'Insondable ?
N'es-tu pas tout l'Amour, ô parfaite Beauté ?

O mon Maître ! ô mon Roi ! Force, Grâce parfaite,
Toi qui contiens en toi tous les biens infinis,
Toi qui donnes au Prêtre, au Héros, au Prophète,
Le frisson créateur de tes secrets bénis,
Irrésistible Époux de l'immense Nature,
Père de l'Homme, hélas ! c'est lui qui te torture
Par son ingratitude et son aveuglement ;
Il fait de l'Équateur et des Pôles célestes
Une croix colossale où ses erreurs funestes
T'enfoncent nuit et jour des clous de diamant !

Mais moi je rouvrirai ton Temple de Lumière
Que tous ces malheureux ont ici-bas fermé,
Et je t'invoquerai dans ta Splendeur première,
O mon Esprit céleste, ô mon Génie aimé !
Saisissant sur l'Autel le Feu sacré des Mages,
J'en illuminerai les Peuples et les Ages ;
L'orchestre universel des Astres chantera ;
Et le Christ à ma voix descendra sur la Terre,
Mais non pour y mourir ! C'est le mal délétère
Qu'on mettra sur la croix, et c'est Christ qui vaincra !

UN SONGE DE LA TERRE

A Monsieur Ernest Renan

UN SONGE DE LA TERRE

Un jour, la Terre lasse et jalouse des Cieux,
Voulut vivre à sa guise et se passer des Dieux.
Elle laissa sortir de son âme brûlante
Un souffle de colère, une vapeur sanglante,
Qui, montant tout à coup des Fleuves et des Mers,
Lui fit un voile noir du voile bleu des Airs.
La Lune, le Soleil, les Etoiles sans nombre,
Repoussés en tous sens par ce bouclier d'ombre,
L'appelèrent d'en haut : Elle n'entendit pas,
Et l'éternelle Nuit régna seule ici-bas.
D'abord, l'antique Mère applaudit à son œuvre.
La superbe Anarchie aux sept fronts de couleuvre
S'agitait en sifflant dans sa poitrine en feu,
Et la Terre se dit qu'il n'était pas de Dieu !

N'ayant plus de lumière, Elle oublia de suivre
Les lois de l'Univers, et désapprit à vivre,
Si bien qu'espérant vivre en Elle seulement,
Elle trouva la Mort dans son isolement.
Les Eléments sentant la Lumière partie,
Abjurèrent bientôt la douce sympathie
Qui les avait unis et fiancées entre eux,
Et pareils à des loups en des bois ténébreux,
Affamés de soleil, cherchant leurs destinées,
Se ruèrent dans l'ombre aux luttes acharnées.
L'Eau défia le Feu; le Feu défia l'Air;
L'Air jeta dans l'espace une insulte à l'Ether,
Et la Terre changée en un champ de batailles
Maudit et dévora les fruits de ses entrailles.
Dans cet affreux combat de parents ennemis,
Tous les Etres vivants s'étaient évanouis,
Tous! Ceux du Sol solide et ceux des Eaux sans bornes,
Cadavres désolés, flottaient sous des Cieux mornes.
La Mort hideuse et froide entourait en tous sens
Ce Globe, et se nouait à ses reins frémissants.
Sous les Animaux morts, sous les débris des Plantes,
Dormaient mille Cités jadis étincelantes,
Et le Pôle criait au Pôle épouvanté :
« Les Peuples ont vécu : ci-gît l'Humanité ! »
Cybèle athée eut peur, et cent volcans en flamme
Laissaient passer, brûlants, les remords de son âme.
Plus de bonds sur le Sol, plus d'essor vers le Ciel,
Plus de cris, plus de chants, plus d'hymne universel !
Rien que l'affreuse Nuit, rien que l'affreux silence !
Semblable à Jésus-Christ percé d'un coup de lance,

Travaillée au dedans d'indicibles effrois,
Sur son vaste Equateur et sur son Axe en croix,
Mère d'un monde mort, effroyable, livide,
La Terre athée allait roulant au sein du Vide.
Quand Elle eut mesuré cet abîme infini,
Elle aussi s'écria : « *Lamma Sabactani!* »
Et tremblante, cherchant à ressaisir la Vie,
Implorant la Clarté qu'elle s'était ravie,
S'élançant en sursaut des gouffres du Hasard,
Secoua de son front son voile de brouillard.
O surprise ! O bonheur ! Cybèle a fait un songe !
Elle vit, et tout vit ! Lumineuse, Elle plonge
Ses seins éblouissants qui palpitent encor,
D'un côté dans l'azur et de l'autre dans l'or.
Des Astres immortels la phalange sacrée,
Orchestre de l'Espace et chœur de la Durée,
L'environne, et le Ciel, son magnifique amant,
Vers son cœur amoureux l'attire doucement.
Frémissante, Elle sent la Vie universelle
Baigner de tous côtés son beau flanc qui ruisselle ;
Elle est vierge, Elle est mère, et dans l'Immensité,
D'or et d'argent vêtue, ivre de volupté,
Sœurs des Astres divins, splendide, triomphante,
Roulant dans son manteau les Etres qu'Elle enfante,
Autour de son Soleil qui lui rit et l'entend,
Traînant sa blanche Lune, Elle valse en chantant !

Les Sexes et l'Amour

Les Sexes et l'Amour

La question religieuse des Sexes et de l'Amour est réservée dans le Christianisme, celle des Sexes dans les *Mystères* du *Père*, celle de l'Amour dans les *Mystères* du *Saint-Esprit*.

Dans la Primitive Église, ces Mystères étaient l'objet d'une instruction supérieure, d'une véritable Initiation.

L'enseignement intellectuel et dernier était ainsi sauvegardé; c'était, dès cette vie, l'accession du Royaume ouverte à l'Épopte ou à l'Élu; il était soigneusement distingué de l'enseignement moral ou primaire, commun à tous.

L'un, avec le Baptême, donnait aux âmes la Purification; l'autre, représenté par l'Eucharistie, distinguait les valeurs ontologiques, appelait les intelligences à contempler la Perfection, à communier en Elle par la connaissance et la conscience qu'elles en pouvaient prendre, selon leur Sexe, leur Age, leur Rang.

L'Initiation, l'accession aux Mystères, ne s'ouvrait qu'à la Sélection peu nombreuse de ceux qui, préparés par la Vulgarisation évangélique ou Catéchisation, éprouvés comme Catéchumènes, observés longuement, étaient jugés susceptibles de révélations directes, spéciales, conformes à leur degré dans la hiérarchie des Sexes, des Ages et des Rangs ontologiques.

Pour les Catéchumènes, au contraire, l'enseignement était ce qu'il est devenu aujourd'hui, commun à tous les fidèles indistinctement, uniforme et uniformément appliqué, limité à la Catéchisation et à la prédication.

Pour cette catégorie, la plus nombreuse forcément, les Mystères demeuraient voilés par les Sacrements, les Vérités intelligibles par les Symboles sensibles.

« L'usage de l'Église, — dit Saint Cyrille, — n'est pas de
« découvrir aux Gentils ses Mystères, surtout ceux qui
« concernent le *Père* et le *Saint-Esprit*.

« Elle se garde même d'en parler aux Catéchumènes.

« Si elle le fait, c'est presque toujours en termes obscurs, de
« manière toutefois que les fidèles instruits puissent comprendre,
« et que les autres ne soient pas scandalisés. »

Le moule canonique du Christianisme différa peu, tout d'abord, de celui des Sanctuaires grecs et égyptiens, quant à cette distinction entre l'Initiation et la Vulgarisation.

Les formules étaient les mêmes.

Voici, par exemple, la formule d'ouverture en usage dans la primitive Église :

« Profanes, éloignez-vous! Que les Catéchumènes, que ceux
« qui ne sont pas Initiés se retirent! »

De même à Eleusis, l'hiérocéryce criait à la foule :

« *Ekas, ekas este, bebêloi!* »

De même dans Rome polythéiste, les hérauts sacerdotaux de l'ancien rite étrusque disaient, avant de fermer sur les Initiés les portes sacrées des Temples :

« *Procul, o procul este, profani!* »

Telle était la distinction profonde établie par Jésus entre les Mystères intelligibles de sa doctrine testamentaire et la révélation ou divulgation de sa morale évangélique, par la Primitive Église, entre les trois degrés de connaissances sacerdotales et d'enseignements se rapportant aux trois Personnes symboliques du Ternaire chrétien.

Pour les fidèles, la Catéchisation et l'accession aux Sacrements constituaient la Préparation et la Purification morales; l'Initiation aux Mystères constituait la Perfection réservée par Jésus et par ses disciples sous les noms d'*Avénement du*

Royaume, *d'Adoration en Esprit et en Vérité*, *de Paraclet et de Promesse*.

Ainsi, au dehors, pour ainsi dire, dans le Culte extérieur, la Personne du Fils représentait l'Apothéose du Grand-Hiérophante chrétien, l'Évangile son appel à la préparation morale de l'Espèce humaine; au dedans, derrière l'Autel du Christ, les Mystères du *Père* et ceux du *Saint-Esprit* gardaient la Religion secrète de Jésus, les Principes, les Fins de son appel et de la préparation morale, les Sciences, les Arts, les Méthodes nécessaires à la réalisation de sa Promesse, à une révélation suprême de la Perfection, lorsque, par l'Initiation, l'Individu pouvait être réintégré de l'Espèce dans le Règne; lorsque, enfin, par la suite des Temps, le Royaume divin, grâce aux efforts de la Perfectibilité humaine, pourrait être constitué dans l'État-Social comme aux Cieux.

L'enthousiasme entraînant avec lequel Saint Clément d'Alexandrie parle des Mystères réservés montre qu'ils n'étaient ni purement nominaux, ni encore moins fictifs :

« O Mystères sacrés de la Vérité !

« O Lumière immaculée !

« A la lueur des flambeaux, le Ciel se rouvre, la Divinité se
« révèle !

« Me voilà Saint : je suis Initié !

« Voilà le Seigneur, l'Hiérophante.

« Il appose son sceau à l'Adepte, après l'avoir illuminé
« de ses rayons, et pour récompenser sa Foi, il lui rouvrira
« les portes du Royaume du Père !

« Voilà les Orgies de mes Mystères : venez et demandez
« l'Initiation ! »

En divisant ainsi sa règle en deux, si ce n'est en trois parties, l'une vouée à la propagation extérieure, au mouvement immédiat et diffus à travers les masses, l'autre en réserve, accessible seulement par la Sélection, véritable Initiation pouvant, par la marche des faits et la suite des temps, déterminer un mouvement constitutif, capable de mettre organiquement en ordre les Sociétés évangélisées, Jésus, en cela comme en tout, a été d'accord, non-seulement avec la Vérité de toutes les Initiations, mais avec la Sagesse de tous les Initiateurs

Ainsi agit Moïse, en réservant à la Tradition orale et à un Corps constitué spécialement les clefs de ses œuvres écrites, les *Mystères cosmogoniques* du *Père*.

Ainsi agit Orphée; ainsi Pythagore distingua sa règle en Purification et en Perfection, *Katharsis et Téléiôtès*.

Ainsi enfin, derrière tous les Autels des anciennes Sociétés civilisatrices, le Culte couvrait la Religion, celle-ci la Vérité, la hiérarchie triple en Grèce, quadruple en Egypte, des Sciences et des Arts, leurs Canons sacerdotaux; et toute cette vue sur la Perfection, toute cette Synthèse, toutes ces clefs précises de la Connaissance, de l'Art et de la Vie, n'étaient si soigneusement gardées du monde profane que pour demeurer insaisissables à la profanation, à la tyrannie du vulgaire, à l'anarchie des opinions.

Tel est le secret de la forte Constitution de la Société, de la Famille, des Caractères, dans les Républiques grecques et romaines et dans les Royautés sacerdotales qui les avaient précédées.

Avec la désuétude et le discrédit des Mystères, vinrent l'anarchie sociale, la discorde civile, la nécessité de l'Empire, opposée à l'ancienne liberté.

Depuis de longs siècles, dans la Chrétienté, les Mystères si nettement indiqués par Saint Cyrille se sont peu à peu voilés; aujourd'hui, conservés à l'état nominal derrière les Sacrements, ils sont devenus purement fictifs pour la Société laïque.

L'Esprit de la Promesse doit s'occuper de parfaire ce qui est, beaucoup plus que de le critiquer; aussi, glissant sur les causes de ce fait capital, nous irons droit aux plus grosses conséquences.

Les Sciences, les Arts, la Nature, la Vie, sont désormais abandonnés au monde profane, et celui-ci est, dans cet ordre de choses, sans recours religieux et intellectuel, soit contre ses propres profanations, soit contre ses ignorances, soit contre ses inconsciences.

Que cela ait dû être, on peut l'admettre; mais que cela doive être toujours, on ne peut répondre par l'affirmative, lorsqu'on a examiné et médité sérieusement une question sociale de cette importance.

Presque toutes les Facultés dont peut disposer la Perfectibilité humaine, après s'être lentement libérées de la tutelle de l'Eglise, sont armées désormais de la plupart de leurs Éléments et de leurs Moyens d'activité; mais leurs Principes, comme leurs Fins d'Association et de Synthèse, leur manquent, ainsi que les Méthodes diverses qui peuvent déterminer les Lois de leurs rapports hiérarchiques.

Cette revendication complète de l'esprit humain, abandonné à lui seul dans l'activité générale de ses Facultés, s'étant faite en dehors de l'Église et malgré elle, s'est retournée contre elle.

Cette revendication s'est faite au nom de la *Nature*, l'oppose à *Dieu* et à ses Cultes, et aboutit en Politique, ainsi qu'en Sociologie, à un mouvement anti-religieux, indéfini, vers un but socialement indéterminé.

Elle enveloppe les Églises, et isole le monde social qui s'y rattache du courant général des idées et des faits ; évoquant les miracles de l'Industrie, elle entraîne et passionne les esprits, agite le mirage du luxe et des poésies de la Matière, excite la Vie à ressaisir tous ses Droits, souvent au prix de ses Devoirs, déploie la féerie de la Civilisation devant toutes les concupiscences de l'Instinct, et tend à créer dans le monde chrétien un ébranlement général qui pourrait en détruire les assises religieuses et sociales, mais qui ne paraît pas disposé à les remplacer.

Voici, dans son cadre général, le tableau des oppositions qu'offrent à relever en Théologie le Christianisme moderne et la Chrétienté contemporaine :

1°

A LA GENÈSE,
 Version des Septante
 dans l'Église grecque,
 Version de Saint-Jérôme
 dans l'Église latine,
 Traductions faites
 sur ces traductions dans
 les langues des Églises

nationales ou simple-
ment protestantes,
le Naturalisme oppose
une *contre-Genèse*,
à partir des deux premiers
mots qui entraînent la
négation du reste....
Ainsi à la *La Genèse*
s'oppose une.........
.... Anti-Genèse.

2°

Au Décalogue :

(Mêmes versions et
traductions),
brisant
le lien religieux dont
Moïse avait rattaché
à la Loi divine la
règle morale des Devoirs
considérés par lui comme
la règle des Droits,
le Naturalisme
oppose sous diverses
dénominations
Droits de l'Homme,
Droits naturels,
Libre conscience,
Morale indépendante,
un *Contre Décalogue* :
L'Anti-Décalogue.

3°

A la Théologie

Non-seulement chrétienne,
mais au Talmud
aussi bien qu'au Koran,

le Naturalisme
niant toute action
divine dans l'Etat-
Social, toute science
divine dans la Science
oppose une *Contre
Théologie* :

     L'Athéologie.

4°

A la Promesse.

Qui forme la grande
réserve organique du
Christianisme (et par
lui peut-être d'Israël
et de l'Islam)
qui, appuyée sur
le *Sépher Bœreshith*,
peut, au nom des Principes qui y sont renfermés, déterminer
les Fins terrestres et
célestes de l'Etat-
Social, le but parfait
de la Perfectibilité,
le Naturalisme
supprimant la Perfection
en avant comme en
arrière, dans les Fins
comme dans les Principes,
oppose une *Contre-
Promesse* :

    Le Progrès indéfini.
    L'Anti-Promesse.

Chacune de ces quatre divisions embrasse, dans sa synthèse,
toute une hiérarchie de degrés par lesquels, au nom du

Naturalisme expérimental, l'*Anti-Genèse* s'oppose à la *Genèse*, l'*Anti-Décalogue* au *Décalogue*, l'*Athéologie* à la *Théologie*, l'*Anti-Promesse* à la *Promesse*.

Des tableaux similaires sont prêts qui, par la suite et s'il y a lieu, pourront, tout aussi nettement, indiquer les oppositions politiques et sociales, civiles et familiales, qu'engendrent dans l'Etat et dans la Société, dans la Cité et dans le Foyer, ces antagonismes théologiques et rationnels.

Ainsi, l'Esprit humain dans la Chrétienté est partagé en deux camps sur lesquels plane, comme les Dieux divisés sur les héros Grecs et Troyens, cette double doctrine.

Les faits politiques et sociaux portent et porteront de plus en plus l'empreinte, subissent et subiront de plus en plus l'action de cette bataille idéologique, véritable guerre civile des esprits, entraînant l'anarchie des hommes et des choses en bas, le règne de la force en haut.

J'ai cru longtemps qu'il fallait cette guerre, ne voyant pas nettement la possibilité d'amener la paix et de l'organiser.

De longs travaux, de plus longues méditations encore, m'ont donné la certitude que la paix est possible.

Après avoir prouvé plus haut que, dans la Primitive Eglise, le Christianisme avait toute une réserve de doctrines et de mouvement connue sous le nom de Mystères, il restera à indiquer comment, à ce titre, il peut accepter ce que les Sciences naturelles renferment de vrai, ce que les revendications de la Vie peuvent avoir de fondé, et non-seulement satisfaire intellectuellement aux exigences de la Chrétienté contemporaine, en fait de Progrès réel, mais même dépasser de beaucoup dans la réalisation organique de ce Progrès, le rêve caressé par ses confuses espérances.

Oui ou non, le Christianisme est-il autorisé par ses textes, par la lettre et par l'Esprit des deux premiers Testaments à reconnaître La *Nature* comme une Puissance, à discerner ses Droits dans l'Univers et dans l'État-Social, à rectifier et à parfaire tout ce qui, dans la Science, dans l'Art et dans la Vie, émane d'Elle et porte la marque de son Autorité sur la Substance organique des Êtres et des Choses.

Oui.

C'est dans la hauteur théogonique de la question des Sexes, au fond et au sommet des *Mystères du Père*, qu'il faut chercher la Clef de ce problème capital.

C'est à Moïse que la Chrétienté, Israël, l'Islam, doivent demander cette Clef de la Promesse, d'une Organisation définitive; car c'est dans le sens hiéroglyphique du texte hébreu de sa Cosmogonie que sont scellés trois fois ces *Mystères du Père*, que la Primitive Église réservait à l'Initiation, Jésus à l'accomplissement dernier de la Révélation.

Tout d'abord, en ouvrant le texte hébreu, et même en y portant la lumière de la Tradition, il semble que l'auteur du Sépher Bœreshith ait laissé dans le vague le problème théogonique des Sexes.

Son admirable Cosmogonie, différente de la Genèse vulgaire, justifie à chaque mot son titre par une Science absolue des Principes en acte dans l'Univers, en action dans l'État-Social; mais, sur la Divinité même, elle ne jette aucune lumière théogonique.

Aussi les Sexes demeurent inexpliqués dans leur Principe, mal définis dans leur Finalité, opposés à jamais, voués, en Religion comme en Sociologie, soit à l'asservissement de l'un par l'autre, soit à une revendication de liberté, pire que l'asservissement.

La Théogonie seule pourrait résoudre ce problème, qui tient autant de place dans la Constitution organique de l'Univers que dans celle de l'Etat-Social; mais malheureusement la Chrétienté, Israël, l'Islam, n'ont à la base de leurs Orthodoxies respectives qu'une Cosmogonie; ils n'ont pas de Théogonie.

Les Principes et les Facultés de la Divinité, envisagée en Elle-Même et non plus dans Son Action génératrice à travers l'Univers, formaient neuf chapitres, dont le dixième commence la Cosmogonie, le Bœreshith.

Pour quelle cause l'Initié du Temple Égyptien, devenu l'Initiateur des Hébreux, supprima-t-il ce livre et avec lui la Science qui occupe le premier degré dans la hiérarchie des Connaissances divines?

Une méditation approfondie de l'histoire des Cultes, des Etats, des Sociétés de l'Asie et du littoral méditerranéen, à partir du schisme d'Irshou, peut donner à cette question sa réponse motivée, et justifier de la profonde sagesse de Moïse.

Il est des moments, dans l'histoire des Sociétés, où la lumière doit être ménagée à l'obscurité, de peur que les ténèbres n'éteignent la clarté.

Aujourd'hui, les circonstances générales, en Europe, sont loin d'être ce qu'elles étaient alors en Asie.

Les Sciences naturelles sont désormais trop répandues, la Vie a trop de mouvement en avant pour que les Cultes puissent, sans danger pour eux et pour l'Etat-Social, se borner plus longtemps soit à la protestation, soit à l'inactivité intellectuelle.

L'Europe, lancée à toute vitesse dans la voie des progrès industriels, a besoin d'une lumière religieuse d'autant plus précise, d'une révélation intégrale ou définitive d'autant plus parfaite, que toutes les Facultés de Perfectibilité, bien qu'éclairées d'en bas, sont plus surexcitées.

C'est à la Religion et aux Cultes, qui ont en commun la réserve des *Mystères du Père*, qu'il appartient d'accepter ou de rejeter les données qui précèdent et celles qui vont suivre.

Les seuls éléments Théogoniques, renfermés dans la Cosmogonie commune aux trois Cultes, doivent évidemment se trouver dans les Noms employés par l'écrivain hiérographe pour peindre LA DIVINITÉ soit statique, soit dynamique, soit dans Sa propre Constitution, soit dans celle de l'Univers.

Ces Noms sont principalement *Jehovah* et *Œlohim*, véritables hiéroglyphes nominaux, qu'il faut savoir ouvrir avec les Clefs voulues.

Œlohim représente les Puissances de la *Divinité*, en action dans l'Univers et dans l'Etat-Social; *Jehovah* la Constitution centrale de ces Puissances.

Œlohim appartient donc davantage à la Cosmogonie, *Jehovah* à la Théogonie.

C'est pourquoi, cherchant dans ces Noms sacrés la Clef de la question des Sexes et du *Mystère créateur du Père*, je ne m'attacherai qu'à l'hiéroglyphe de *Jehovah*.

Afin de laisser entr'ouvrir par qui de droit cet important Mystère théogonique, je demanderai au possesseur autorisé de la Tradition orale de Moïse et des Secrets du *Père*, au Grand-Prêtre de l'Ancien Temple d'Israël, de formuler le sens caché,

Il va répondre à travers les siècles.

En effet, une fois l'an et à une époque déterminée, le Grand-Prêtre, devant les Prêtres assemblés, entr'ouvrait dans le Sanctuaire le *Tétragramme*, et révélait le *Schêma* divin.

Ainsi il disait :
Iod-Hé-Vau-Hé !
Les Prêtres répondaient :
Schem-hamm-phoras.

Le Grand-Prêtre reprenait alors ; et c'est sur ce point que j'appelle toute l'attention des Sages des trois Cultes :
Iod-Hévah ! (Ioud Châvah).
Assemblées ainsi, les lettres du *Tetragramme* signifiaient :
Masculin-Féminin.

Et les Prêtres répétaient :
Schem-hamm-phoras.

En français : *le Nom est bien prononcé.*

C'est dans ce sens que Jésus-Christ disait :
Que votre Nom soit sanctifié !

Orphée, initié aux mêmes Sanctuaires que Moïse, disait dans l'un de ses rituels :
Zeus est l'Époux divin et l'Épouse parfaite.

De ce qui précède, il résulte que Moïse ne considérait pas l'Unité de *Dieu*, en tant que *Père*, comme une abstraction, mais comme l'Union absolue, infinie, des deux Puissances génératrices qui le constituent Père des Êtres et Créateur des choses.

Je donnerai à ces deux Puissances les noms qui leur correspondent dans nos langues :
Eternel-Masculin, Eternel-Féminin.
Dieu. Nature.
Essence, Substance.

Œlohim, en français, *Lui-Elle-les-Dieux*, représente toute la hiérarchie des *Principes*, des *Causes*, des *Forces* organiques que *Dieu* déploie dans la *Nature*, que la *Nature* replie en *Dieu*, dans cette communion totale, dans cette Union parfaite de leur *Essence* et de leur *Substance*, d'où résulte l'*Univers*.

Pour l'*Ultimum Organum*, deux conclusions capitales se dégagent de ce *Mystère du Père*, de ce secret théogonique, emprunté par Moïse et par Orphée aux Sanctuaires Egyptiens, et dont Jésus-Christ, dans sa prière, indique l'importance.

La première conclusion intéresse l'Arbre généalogique de la Science; la seconde, celui de la Vie.

En ce qui concerne la Science, et grâce à cette clef qu'une seconde complétera s'il y a lieu, les Églises, comme les Synagogues et les Mosquées, rétablissant les *Mystères du Père*, pourront, par l'Initiation graduée, faire cesser peu à peu, dans l'intelligence des Cultivés, l'antagonisme maintenant irréductible de la *Genèse* et de l'*Anti-Genèse*, de la *Promesse* et de l'*Anti-Promesse*.

Pouvant, grâce à cette réserve des *Mystères du Père* et de ceux du *Saint-Esprit*, éviter toute discussion publique, tout changement dans l'enseignement extérieur ou Catéchisation, autorisés par la Sanctification du Nom du Père à considérer comme sacrée la *Nature*, l'*Eternel-Féminin*, la *Substance organique* en œuvre dans l'Univers, les Sacerdoces chrétiens, représentés par leurs Évêques, appelant à eux les Corps savants des Universités, leur donneront, quand ils le jugeront convenable, une investiture et une consécration religieuse, s'entendront avec eux sur la nécessité d'un *Ultimum Organum*, instrument de précision nécessaire pour dresser une hiérarchie vraie des Sciences naturelles et des Arts correspondants, distinguer clairement leurs Méthodes de celles qui sont spéciales aux Sciences humaines et à la hiérarchie des Connaissances divines, rattacher enfin leurs Lois aux Principes cosmogoniques renfermés, au Nom du *Père*, par Moïse, dans le texte hébreu du Sépher Bœreshith.

Ne craignez pas, hommes religieux, de reculer à l'infini les bornes de l'esprit humain. C'est augmenter infiniment, dans l'Etat-Social, la Majesté des choses divines, la dignité des choses humaines, votre propre autorité.

Moïse, pas plus que Jésus-Christ, ne vous ont laissés sans ressources; ils vous ont, au contraire, donné toutes les réserves qui vous sont nécessaires pour entraîner la Perfectibilité humaine dans son essor total vers la Perfection divine.

L'abandon momentané des Sciences, des Arts et de la Vie, au monde profane, par la fermeture et l'oubli des Mystères du

Père et de ceux du *Saint-Esprit*, a pu, en laissant les Facultés intellectuelles sans guides dans le présent, sans but dans l'avenir, sans Principes dans le passé, engendrer les confusions de Méthodes, les antagonismes de doctrines dont la Chrétienté est travaillée; mais ces maux ne sont pas sans remède, et pour les guérir, tout vous a été, tout vous sera donné.

Il ne faut pas avoir peur d'aborder résolûment cet antagonisme idéologique, cette confusion de Méthodes.

L'anarchie des Sciences a son remède dans la Science elle-même, et celle-ci est inséparable de la Vérité.

La Science intégrale, complète, avec ses quatre hiérarchies de Sciences, chacune possédant ses Méthodes propres, toutes les quatre se confirmant dans leur ensemble grandiose, se prêtant un mutuel et magnifique concours, telle est la révélation dernière de l'Universelle Vérité qui, au nom des Mystères du *Père* et de ceux du *Saint-Esprit*, se distribuant par l'Initiation dans les Eglises, les Universités, les Etats, les Foyers, conformément aux degrés indiqués par les Sexes, les Ages et les Rangs, peut, selon le Vœu et la Promesse de Jésus-Christ, mettre sur la Terre l'Ordre qui règne dans les Cieux.

Cet Ordre qui, dans les Cieux, a la Lumière pour Moyen, a, dans l'Etat-Social, la Connaissance pour Lumière organique.

Le redressement, par les Sacerdoces autorisés, de la quadruple hiérarchie de Sciences qui constituent la Connaissance, est une œuvre moins difficile qu'on ne le supposerait tout d'abord.

L'œuvre très imparfaite et sans bases religieuses, tentée par Bacon en faveur de l'analyse directe, de l'expérience sensible et de l'observation sensorielle, est un exemple suffisant à démontrer qu'on peut faire, au point de vue de la Science intégrale, ce qui s'est fait dans l'ordre des seules Sciences naturelles.

Si l'intelligence d'un individu a imprimé à l'Europe l'impulsion qu'elle subit aujourd'hui, que ne pourrait pas faire en faveur de la Science intégrale, de la Totale Vérité, une union intellectuelle des Evêques chrétiens, ayant, s'ils savent le vouloir, dans tous les Corps savants de la Chrétienté, le concours assuré des plus hautes intelligences et des spécialités les mieux renseignées.

Encore une fois, les Mystères indiqués par Saint Cyrille et par Saint Clément d'Alexandrie offrent le cadre possible, la forme prédéterminée dans lesquels ce mouvement intellectuel peut s'opérer.

L'Initiation graduée des Sexes, des Ages et des Rangs, est également le moyen préétabli, autorisé par les précédents de la Primitive Eglise, et par lequel ces Mystères, une fois reconstitués, peuvent être rouverts à l'intelligence et à la bonne volonté.

Enfin, dans l'admirable économie des ordres d'enseignement auxquels les trois Symboles du Ternaire chrétien ont donné et peuvent encore donner lieu, rien dans l'enseignement actuel des Eglises, limité à la Vulgarisation, ne nécessiterait un changement capable de troubler les fidèles.

Le Culte du Fils demeurerait ce qu'il était pour la Primitive Eglise, ce qu'il est depuis la fermeture et l'oubli des Mystères réservés : l'appel général au Salut et à sa condition commune : la Purification morale de chacun.

C'est en dedans des Cultes et dans le sein des Mystères réservés, que les Principes et les Fins de cet appel, ainsi que les Moyens de les réaliser dans la Science, dans l'Art et dans la Vie, seraient, comme dans la Primitive Eglise, enseignés, révélés à qui de droit.

Ainsi l'Arbre généalogique de la Science, rendu à la terre sacrée de la Promesse, peut respirer au-dessus du monde profane, et cesser d'être profané, enfoncer ses racines dans la Terre Promise, déployer et plonger ses rameaux dans toutes les altitudes lumineuses de la Vérité.

Ainsi chaque fruit scientifique de cet Arbre symbolique, au lieu d'être dévoré par tous sans discernement et sans Méthode, peut être rattaché à son rameau d'origine, à son degré hiérarchique, laisser voir clairement sa place dans l'ensemble, ne s'assimiler à l'entendement humain que par les yeux de l'intelligence éclairée, que par l'Art correspondant à chaque Science, que par la Faculté intellectuelle répondant à chaque Art.

Ainsi enfin, dans la Chrétienté tout entière, dans chaque Etat, dans chaque Foyer, peut cesser peu à peu la bataille idéologique du double mysticisme de l'Esprit et de la Matière, de cette guerre religieuse et, par suite, sociale aussi bien que politique, dont les causes générales sont dans l'antagonisme actuellement irrémédiable de la Genèse et de l'Anti-Genèse, du Décalogue et de l'Anti-Décalogue, de la Théologie et de l'Athéologie, de la Promesse et de l'Anti-Promesse.

Cette guerre, aux batailles multicolores et multiformes, divise la Chrétienté, enveloppe le Christianisme, l'étouffe, et l'empêche d'opérer de concert avec Israël et l'Islam (en ce qui concerne les Principes et les Fins qui leur sont ou peuvent leur être communs), en Europe, en Asie et en Afrique, le Grand Œuvre de la Civilisation chrétienne, l'épanouissement complet de l'esprit humain dans la Vérité par la Connaissance, de la Vie humaine dans la réalisation de ses promesses sacrées, de l'État-Social tout entier dans cette organisation parfaite que Jésus-Christ appelle le Royaume de Dieu et dont il a prédit l'avénement sur la Terre.

Du redressement de l'Arbre généalogique des Sciences dans l'intérieur des Cultes, dépend celui de l'Arbre de Vie dans tout l'État-Social.

Les Arts retrouvant dans les Mystères, par l'Initiation, leurs Canons esthétiques, leurs Principes, leurs Fins, leurs Méthodes, rendront facilement à la Vie ses altitudes, ses profondeurs sacrées, au génie sa raison d'être, aux rapports familiaux et sociaux leur stabilité et leur majesté perdues.

Sauvés de la vénalité et de la banalité de la Civilisation diffuse et purement économique où ils errent comme des Dieux exilés des Sanctuaires, pouvant respirer au-dessus du monde profane dans la Lumière divine, ils mettront vite un terme à leur propre profanation, et redeviendront aisément ce qu'ils furent dans l'ancienne Grèce, les révélateurs conscients de la Beauté parfaite, figure adorable de la parfaite Vérité.

Et parmi tous les Arts, il en est un surtout que, seuls, les Mystères du *Père* et ceux du *Saint-Esprit* peuvent rendre dans sa beauté et dans sa vérité divines à la Faculté humaine qui l'appelle.

Cet Art, qui correspond à l'Ontologie dans l'ordre des Sciences, répond à la Maternité dans l'ordre des Facultés.

Il peut donner lieu au redressement progressif de toute la Faculté féminine, au rétablissement des Initiations spéciales que les femmes grecques trouvaient en Grèce dans les Sanctuaires réservés qu'Orphée avait institués pour elles, et que, peut-être, les femmes chrétiennes possédaient dans la Primitive Eglise; car, pendant un certain temps, en Egypte et en Ethiopie, elles ont eu leur Prêtrise appropriée.

Le Mystère du Nom du *Père* semble autoriser une double Initiation, l'une réservée à la Faculté masculine, l'autre à la Faculté féminine.

Dans ce Mystère, on peut entrevoir que si le Principe Masculin exerce son Autorité et le déploiement de ses Forces cosmogoniques sur l'Essence des Êtres, le Principe Féminin dans l'Univers déploie son Autorité et révèle ses Puissances à travers leur Substance organique.

L'Essence des Êtres relève d'*Iod*, la Faculté Mâle d'*Iod-Hé-Vau-Hé;* mais leur Existence et leur Subsistance, leur transformation et leur conservation relèvent de *Hé-Vau-Hé,* Faculté Féminine, véritable *Epouse* du *Père* que nous nommons *Nature.*

L'Amour, qui les unit à jamais, a été, par toutes les anciennes Cosmogonies, reconnu comme le Principe et la Fin de leur indissoluble *Unité.*

Sanchoniaton, Moïse, Orphée, sont d'accord sur ce point comme sur bien d'autres.

La *Nature* unie à *Dieu* par la Force, par le lien mutuel de l'Amour, engendre de Rien Tout, et, sans ce lien suprême qui est l'autorisation de l'Union des Sexes et du Mariage, cet engendrement qui constitue l'Univers tomberait à Rien.

Dans le Ternaire chrétien, l'*Esprit divin*, le *Saint-Esprit*, est l'Amour même, le Souffle de Vie, en ce qui concerne l'animation psycurgique ou vitale des Êtres, la Vérité, la Sagesse, en ce qui regarde leur animation intellectuelle, leur résurrection spirituelle, dans l'Homme et dans les hiérarchies d'Êtres qui le relient à la *Divinité.*

Son vrai Nom se trouve dans la Cosmogonie commune aux trois Cultes.

Dans la pensée de Moïse, le *Saint-Esprit* n'est pas une abstraction (les Prêtres Egyptiens, ses maîtres, ne perdaient pas leur temps en rêveries métaphysiques); mais une Force dans la hiérarchie des Forces divines.

Cette Puissance divine, l'Initié du Temple d'Isis et d'Osiris la nomme *Rouâh Œlohim* le soufflé roulant de *Lui-Elle-les-Dieux;* et en descendant la hiérarchie des Forces cosmogoniques suivant la Méthode des Sciences divines, elle est à une quarte diatonique de la Lumière, la précède et la crée dans tous les chaos, quels qu'ils soient.

La Femme est à l'Homme, dans l'Etat-Social, ce que la Nature est à Dieu dans l'Univers, ce qu'une Faculté est à un Principe dans n'importe quel point de la hiérarchie des Activités, ce que la Durée est au Temps, l'Étendue à l'Espace, la Forme à l'Esprit, la Clarté au Jour, la Chaleur au Feu, la Terre au Ciel.

Mais pour que la réciproque soit vraie, il faut que l'Homme soit pour la Femme le représentant réel de Dieu, la figure vraie de son image. Sans la Religion, sans l'Initiation, cette condition ne peut être remplie; et le lien, la Force qui unit *Dieu* et la *Nature* ne trouvant pas dans l'Homme de support intellectuel et moral suffisant, laisse le Mariage et les Foyers, les Unions et les Générations, abandonnés au Hasard, à l'inconscience, à l'ignorance et à la faiblesse ontologique qui en résulte.

Si la Grèce, religieusement constituée par Orphée, a produit par milliers de puissants génies et de beaux caractères, ce n'est ni à son ciel physique, ni à son climat qu'il le faut attribuer, mais à la force des Unions conjugales, à la Science, à l'Art de la Maternité.

Montesquieu a constaté judicieusement que la Vertu des Épouses grecques était aussi proverbiale que leur grâce et leur Science Maternelle.

Il n'observait cependant qu'un résultat.

Particulièrement attentif à l'esprit des Lois, il ne vit pas que ces dernières sont presque toujours le produit moyen des Mœurs et de la Foi, et que la Vertu, ressort moral des républiques, selon lui, n'est pas un fruit qui naisse des seules Institutions politiques, ni de la seule parole des législateurs ou des rhéteurs, des philosophes ou des sophistes.

Si la Faculté féminine et maternelle a jeté sur la Grèce un si pur et si providentiel éclat, si les Générations y ont été belles et puissantes, c'est aux Initiations religieuses spéciales aux femmes et à la Constitution organique des Foyers qu'il faut en demander la raison première.

Je ne veux pas ici soulever le voile de ces profonds mystères de la Vie, et je dois me borner à susciter les autres à penser.

Il me suffira de souligner encore cette parole de Jésus, admirablement concordante avec les rituels d'Orphée et le secret théogonique renfermé par Moïse dans l'hiéroglyphe statique de la Divinité :

Que votre NOM soit sanctifié !

Dans certains pays d'Europe et ailleurs, la question féminine, agitée au point de vue civil et même politique, donne lieu à des confusions qui peuvent devenir aussi préjudiciables à la paix des Foyers, au repos de la Cité, qu'au bonheur réel des femmes.

La Cité et l'État, les choses civiles et politiques, sont le triste apanage de l'Homme, et il ne se le verrait momentanément disputer que pour le ressaisir tôt ou tard, en accablant du poids de ses droits le Sexe mal inspiré qui en aurait revendiqué le fardeau.

Mais dans le Foyer, dans la Famille, dans la Société, dans la Civilisation, dans l'Économie organique de la Vie, la Femme, comme *Hevâh* dans le Nom de *Père*, comme la *Nature* dans la Constitution de l'Univers, n'est pas la moitié, mais les trois quarts du Principe Masculin.

Génératrice et conservatrice de la Vie, des Arts, de la Civilisation, gardienne des Générations, investie par *La Nature* de l'Autorité de Substance, c'est dans cet ordre qu'elle peut souhaiter, pour son bonheur, pour celui de l'Homme et de l'État-Social tout entier, de rentrer religieusement, par l'Initiation, dans tous ses Droits d'accomplir tous les Devoirs que comportent ses Facultés.

Les seules Sciences de la *Nature*, par les Arts qui en résultent, traitent déjà l'Arbre de Vie avec une certaine Religion, dans les Règnes inférieurs à l'Homme.

Les Essences végétales, les Espèces animales sont soigneusement distinguées, selectées, cultivées et poussées vers la Perfection que comporte leur degré de Perfectibilité.

La Culture des Générations humaines ne réclame ni moins de Science, ni moins d'Art.

Les Principes et les Fins des Unions et des Mariages, l'Élevage, l'Éducation, l'Instruction au Foyer, doivent être traités avec au moins autant d'intelligence que l'accouplement des chevaux ou des taureaux, l'élevage et l'entraînement des poulains.

Jusqu'à présent cependant, dans la Chrétienté, dans Israël, dans l'Islam, la Faculté Féminine de l'Homme, abandonnée à elle-même, subit en plein hasard la Fatalité des Générations, et la Faculté Maternelle, livrée à ses seuls instincts, est loin de porter les fruits divins que comporte sa triple nature plastique, psycurgique et intellectuelle, et qu'elle générerait certainement si la Science et l'Art de la Maternité rendaient à la Femme la lumière providentielle et la conscience vitale de sa Prêtrise.

C'est dans les Mystères du *Père* et dans ceux du *Saint-Esprit*; c'est dans l'Initiation à ces Mystères que l'*Ultimum Organum* peut indiquer la possibilité d'un développement complet de l'*Arbre de Science*, d'un épanouissement parfait de l'*Arbre de Vie*.

# LIVRE DEUXIÈME

Amour

FRAGMENTS — (De 1865 à 1872)

A LA FEMME

A LA FEMME

HYMNE

Toi, dont l'adorable faiblesse
Est si forte que j'en ai peur!
Toi, dont le sourire trompeur
Attire et brûle, enchante et blesse!

Toi, dont les yeux font tour à tour
Dans ma poitrine, dans ma tête,
Passer le calme ou la tempête,
Les ténèbres et le grand jour!

O Femme, ô Puissance, ô Magie!
Toute la Terre, tout le Ciel
Ont mis sur tes lèvres leur miel,
Et de toi j'ai la nostalgie!

Longtemps j'ai voulu t'éviter ;
Longtemps, sombre amant de Minerve,
J'ai fui ton charme qui m'énerve
Et qui me fait ressusciter !

Semblable à l'antique Vestale,
Je gelais près du feu sacré ;
Mon corps près du beau fruit doré
Mourait de faim comme Tantale.

Mais aujourd'hui, rêve charmant !
Réalité plus douce encore,
Le hibou s'éprend de l'Aurore,
Et Minerve pleure un amant !

Oui, j'abjure, je m'humilie :
Kabbale, Hébreux, Mages, fuyez !
O Femme, j'échange à tes pieds
Leur Sagesse pour ta folie !

J'implore à genoux tes pardons,
Tes baisers divins, tes caresses,
O source des grandes ivresses,
Ecrin vivant de tous les dons !

Je donne mon âme à ton âme,
Ma vie à ton souffle enchanté ;
Je veux toute la Volupté,
Tout l'Amour et toute toi, Femme !

DÉESSE ET FEMME

DÉESSE ET FEMME

« Eh quoi, Barde, tu dors! Debout, allons, c'est l'heure!
  « Quoi, moi, la Muse, je t'attends!
« N'entends-tu pas rugir autour de ta demeure
« Le Vent, les Flots, la Foudre aux fracas éclatants?
« Viens : l'immense Étendue a des combats superbes!
« Le vent brasse les eaux comme d'énormes gerbes;
« La Lune entr'ouvre un pan du Ciel noir; l'Océan
« S'emplit de rayons morts, et montre, échevelées,
« Ses profondeurs roulant des monts et des vallées,
« Et les Esprits, dans l'air, appellent Ossian! »

L'orage intérieur qui gronde en ma poitrine
Rend mon âme insensible à l'ouragan des flots.
Que m'importent les cris de la vague marine?
J'entends clamer en moi des gouffres de sanglots!

« Quittons la Terre alors : viens où sont les Génies,
  « Dans les Cieux, dans les Astres d'or ;
« Viens écouter la voix des grandes Harmonies,
« Et donne à ta pensée un gigantesque essor !
« Au-dessus de ce globe où tout passe, où tout croule,
« Où flots et passions rugissent, se déroule
« La réalité vraie et sereine du Ciel,
« Viens, viens ! Nous planerons là-haut dans les lumières,
« Dans les accords sacrés, dans les Causes premières.
« Et tu redescendras sur la Terre, immortel ! »

Cette immortalité terrestre est un mot vide ;
Et la réalité, c'est que je suis ici,
Souffrant pis que la mort, et sentant dans le vide
S'écarteler mon cœur, las d'être seul ainsi.

Si la Gloire s'obtient par autant de souffrance,
C'est en payer trop cher la sotte vanité !
Cette immortalité ne vaut pas l'espérance
D'un moment de bonheur sans l'Immortalité.

Non. La Réalité n'est pas dans la Pensée.
La Vie est dans le cœur, dans la chair, dans le sang ;
Et puisqu'elle est en moi, mon âme est insensée
En ne savourant pas son nectar si puissant !

Tu me parles du Ciel ? Parle-moi de ma mère ;
Dis-moi si sa pensée habite mon exil !
O Lyre, ô triste Etoile, ô Destinée amère !
Et mon père, à présent, Muse, à quoi songe-t-il ?

« Je vois dans la forêt, où tes jeunes années
 « Ont crû parmi les chênes verts,
« Un cavalier passer sur les feuilles fanées
« En montrant à la nuit ses deux bras entr'ouverts.
« Il appelle son fils dans la forêt profonde ;
« Il le demande au Ciel qui tonne, au Vent qui gronde,
« Au Destin, ce grand Roi des Aulnes ; mais, hélas !
« La forêt est muette, et, la nuit, tout est doute.
« La brise pleure au loin ; et poursuivant sa route,
« Le père appelle un fils qui ne lui répond pas.

« Je vois au bord d'un fleuve où la Lune se mire,
 « Un toit qui fume dans la nuit.
« Une malade en pleurs sous un long cachemire
« Écoute retentir les plaintes de minuit ;
« Elle attend le sommeil ; mais le Tonnerre gronde.
« Elle cherche des yeux sur la carte du Monde
« Où son enfant prodigue a pu porter ses pas ;
« Et la main sur son cœur gros d'affreuses alarmes,
« Elle murmure un nom qui s'éteint dans les larmes.
« Minuit a retenti : l'absent ne revient pas ! »

Arrête : la douleur m'étrangle. Oh ! oui, je souffre !
Arrache-moi d'ici : le vertige me prend.
J'écoute maintenant les musiques du Gouffre :
Le corps est une épave, et l'Océan est grand !

Cruelle ! N'est-ce pas ta beauté de sirène
Qui m'a fait, pas à pas, venir près de ces Mers ?

N'est-ce pas ton amour enchanteur qui m'entraîne
A m'enivrer des cris de tous ces flots amers ?

Mais je te reconnais ! ton voile de déesse
Se tramait dans mon ombre un tissu précieux !
Tu faisais ton nectar des pleurs de ma tristesse,
Et tu t'es rajeunie en buvant dans mes yeux.

Que t'importent à toi père, mère, patrie ?
Plus ton amant est seul et plus il est à toi ;
Que t'importe le sang, pourvu que l'Ame crie
Et que son chant de mort se rhythme sous ta loi ?

Quand l'un meurt épuisé par ton ardeur étrange,
Après en avoir pris ce que ta soif voulait,
Tu planes sur un autre : il croit rêver d'un ange,
Et quitte son foyer pour suivre un feu follet.

Tu prends pour lui parler la musique des fleuves,
L'odeur des nénuphars, le vent de la fôret :
Il ne se doute pas du vin dont tu l'abreuves,
Et que son cœur brûlant se dessèche en secret !

Il cède aux doux attraits des pentes insensibles ;
Et, comme le ruisseau coule au fleuve géant,
Il suit, toujours chantant, des démons invisibles,
Et se réveille un jour sur le bord du Néant.

Oui, je te reconnais, belle et terrible fée !
Sur ton voile empourpré des poisons de Nessus

Je vois perler le sang des blessures d'Orphée,
La tristesse de Job et tes pleurs, ô Jésus!

Je vois venir à moi le pâle effroi du Dante,
La fin du Camoëns, le doute de Byron,
Ce hautain demi-dieu dont l'ironie ardente
A déchiré son temps comme un coup de clairon!

Oh! rends-moi maintenant ma mère, ma patrie
Et mes seize ans passés comme un matin d'été;
Rends-moi mon espérance à la lèvre fleurie
Dont les baisers de miel m'ont pour toujours quitté;

Rends-moi mes horizons aussi roses qu'une aube;
Rends-moi mes songes d'or et mes nuits de sommeil,
Et mes enchantements qui secouaient leur robe
Lorsque le Jour riait sur mon rideau vermeil;

Rends-moi tout ce printemps perdu dans le mystère;
Rends-moi tout le passé; rends-moi tout l'avenir;
Remonte dans ton Ciel et laisse-moi la Terre,
Et n'emporte de moi rien que ton souvenir!

Que mes larmes de sang, mes cris, mes insomnies
Où l'Astre magnétique a pesé sur mon lit,
Que ces nœuds de serpents, ces rages infinies,
Passent comme le mort qu'un prêtre ensevelit!

« Pourquoi me la cacher, cette plaie enflammée?
    « Enfant, crois-tu tromper mes yeux?

« Ils lisent à travers la substance animée
« Les plus secrets pensers des Hommes et des Dieux.
« Il me fallait l'Amour pour achever ta lyre,
« Et l'Amour tout entier palpite en ton délire.
« Pourquoi parler de mort, toi que j'en ai sauvé ?
« Va, ne me maudis pas : je suis ta bienfaitrice ;
« Je viens de visiter ta blanche Béatrice,
« Et j'ai mis dans son cœur tout ce quelle a rêvé ! »

O Muse ! Epargne-moi ces tortures nouvelles !
Oui, mon âme est atteinte à n'en pouvoir guérir !
Prête-moi, pour m'enfuir, la force de tes ailes,
Car la mesure est comble et c'est assez souffrir !

J'avais mis mon orgueil et ma force suprême
Dans mon indifférence et dans ma liberté.
Oh ! viens à mon secours ! Vois, je suis vaincu : j'aime !
C'est le dernier anneau de la Fatalité !

L'Esprit qui me hantait n'est plus tout pour mon âme ;
Je sens une autre vie et j'y veux pénétrer ;
La Lumière céleste en moi se change en flamme ;
Mais ce n'est plus le Ciel que j'ai soif d'adorer !

Mais le bonheur, sur terre, existe-t-il pour l'Homme ?
Pourquoi des yeux si doux ont-ils blessé mon cœur ?
O Muse ! au nom du Dieu que le Sage seul nomme,
Faut-il rester ou fuir ? Faut-il croire au bonheur ?

Non, fuyons loin, bien loin, sur des Alpes glacées
Où l'on ne sente plus la douce ardeur du Jour,
Où le froid puisse, au fond des veines embrasées,
Pétrifier le sang, faire mourir l'Amour!

Eh quoi! je deviendrai l'esclave de la Femme,
Moi qui m'étais juré d'être indiscipliné!
Et pourtant son sourire erre à travers mon âme
Comme une étoile d'or dans la nuit d'un damné!

« Il faut vivre et savoir la Vie : elle est divine.
    « Science, Amour, il faut remplir
« De lumière son front, de chaleur sa poitrine;
« Il faut ressusciter et non s'ensevelir.
« Oui, le bonheur existe au bout de la souffrance;
« Car les Dieux n'ont pas mis dans l'Homme l'Espérance,
« Pour changer leur promesse en sa déception.
« Aime; laisse ton âme affronter ce mystère,
« Le plus grand qui te reste à ravir sur la Terre
« Au Ciel, ce temple bleu de la Création.

Tu veux que ma pensée envahisse la sienne,
Et que la lourde croix que j'ai peine à porter
Fasse ployer soudain sa vie éolienne,
Faite pour palpiter de joie et pour chanter!

Oui, les Dieux m'ont daigné révéler leurs mystères,
Et je puis lui laisser, en lui baisant la main,
De quoi chasser la paix de ses nuits solitaires,
Et remuer son cœur d'un trouble surhumain.

Les damnés n'ont-ils pas ce cruel privilége
D'allumer dans les cœurs le feu des passions?
Non. La faire souffrir serait un sacrilége :
Je suis triste, et ma nuit fait grâce à ses rayons,

Ouvre l'aile : fuyons! Fuyons cette demeure
Où m'attire dans l'ombre un merveilleux attrait!
Je garde ce secret jusqu'à ce que je meure :
C'est un beau clair de Lune au fond d'une forêt!

RÊVE

RÊVE

Après avoir prié, souffert et sangloté,
J'ai construit dans mon ombre un palais enchanté,
    Un palais svelte et diaphane.
Le toit de mon palais touchait au Firmament,
Et, de la base au faîte, un escalier charmant
    Se tordait comme une liane.

J'ai construit dans mon ombre un palais enchanté;
J'y suis monté bien haut ! Bien haut je suis monté !
    J'ai regardé de mes tourelles,
J'ai regardé sortir d'une étoile des Cieux
Une femme divine, un char délicieux
    Traîné par mille tourterelles.

Puis j'ai vu des Démons grimpés sur des vautours
S'élever en spirale au sommet de mes tours
    Pour me cacher mon inconnue;
J'ai vu surgir soudain mille serpents dressés;
Mais Démons et serpents, je les ai terrassés
    En montant plus haut dans la nue!

Je suis monté bien haut! Bien haut je suis monté!
J'étais en plein azur, dans la félicité!
    L'Amour m'avait prêté ses ailes!
Les étoiles du Ciel valsaient sur mes créneaux,
Comme l'on voit tourner autour des fleurs des eaux
    Les verts essaims des demoiselles!

J'allais toucher enfin à ma divinité,
Lorsque je crus sentir mon palais agité
    S'effondrer sous sa tour branlante.
J'étais monté bien haut! Bien haut j'étais monté!
Quel réveil, ô mon Dieu! Mon beau rêve enchanté
    N'était qu'une étoile filante!

L'AVE

L'AVE

Vous êtes belle, amie, et vos regards sont doux
    Comme le lever d'une Etoile.
Un jour mystérieux dont la source est en vous
    Rayonne à travers votre voile.

La Musique divine habite votre cœur
    Vous avez la Grâce infinie,
Et lorsque vous marchez, vos pas suivent le chœur
    De quelque céleste harmonie.

Vous paraissez, soudain vous transfigurez tout :
    Par vous tout flamboie et s'anime.
Vous fuyez : tout retombe, et je me sens partout
    Comme un réprouvé dans l'Abîme.

Ah! Pourquoi, loin de moi, faut-il ?..... Vœux insensés!
    Vous rougiriez ; je dois me taire.
Etes-vous de la Terre ou du Ciel ? Je ne sais ;
    Mais sans vous, qu'est-ce que la Terre ?

Un sombre lieu d'épreuve et de chagrin profond,
    Un exil au fond des ténèbres.
Hélas! Je ne sais pas ce que les autres font
    Dans leurs corps, ces prisons funèbres!

Leurs plaisirs ne sont pas les miens : je suis blessé
    Par ce qui charme leur envie ;
J'ai gardé souvenir d'un merveilleux passé ;
    Ma vie est d'avant cette vie.

Là, tout était Lumière, extase, Amour, splendeur,
    Art sacré, Science divine!
Ne vous ai-je point vue en cette profondeur ?
    Je cherche, et je vous y devine.

Car pourquoi donc un trouble étrange a-t-il surpris
    Mes sens, mon âme, ma pensée,
Quand, la première fois, j'ai vu sous ces lambris
    Surgir votre taille élancée ?

Vous m'êtes apparue avec votre beauté,
    Suivie au loin et précédée
Des célestes parfums d'une félicité
    Que j'ai quelque part possédée.

Et, lorsque à la lueur des candélabres d'or,
    Sur ce beau Pleyel appuyée,
Vous laissiez votre voix prendre son libre essor,
    J'écoutais, l'âme émerveillée !

Depuis, lorsque j'entends errer sur le clavier
    Le bout de vos dix doigts d'opale,
Lorsque le Son gémit dans ses grilles d'acier
    Comme la Mer sous l'Astre pâle,

Autour de moi soudain voltigent les Esprits
    Qui touchent la Lyre des Causes ;
L'Invisible s'émeut, et, dans mes sens épris,
    Frémit la grande Ame des choses.

Des frissons énivrants font courir dans mon corps
    Les voluptés des extatiques,
Et ma vie emportée en ces torrents d'accords,
    Déborde en ondes magnétiques.

Ah ! rouvrez, rouvrez donc ce clavier merveilleux ;
    Laissez encor, je vous en prie,
Ruisseler sous vos doigts ces souvenirs des Cieux,
    Echos de la grande Patrie !

La Musique est divine ; elle attire en chantant
    L'âme qui dans sa chair sommeille
Vers l'Eden oublié qui dans le Ciel l'attend,
    Et là, doucement, la réveille.

Voyez : la Mer est calme et les Etoiles d'or
    Comptent leurs perles goutte à goutte.
Le courlis qui gémit, l'air pur, tout dit : « Encor ! »
    Tout vous invoque, tout écoute.

Ah ! de grâce ! Appelez sous vos doigts palpitants
    Bach, ce roi des hymnes austères,
Et que vos blanches mains m'ouvrent à deux battants
    Le Temple des divins Mystères !

A MON ESPRIT FAMILIER

A MON ESPRIT FAMILIER

Mon cher Esprit, vois-tu là-bas cette maison
Que la pâle Diane errante à l'horizon
      Frôle de son manteau d'hermine ?
C'est là! Son corps divin, sous l'aile du sommeil,
Dort comme un lys d'Eden balançant au soleil
      Le papillon qui le domine.

Pars, mon Esprit ailé : j'entends sonner minuit.
Si quelque mauvais songe a traversé sa nuit,
      Prends ce philtre fait de mes larmes,
Touche-lui la paupière en la baisant au front,
Et les mauvais Esprits vaincus s'envoleront
      Avec l'essaim noir des alarmes.

Pars, mon bel enchanteur ! Va, mon sylphe charmant !
Subtil comme l'Ether, glisse-toi doucement
      Dans l'air que sa poitrine aspire ;
Fais vibrer dans ses nerfs un chant mystérieux ;
Sois doux comme l'Amour, sois pur comme les Cieux,
      Sois bon comme ce qui m'inspire !

Jette entre nos deux cœurs un pont rapide et sûr :
Fait d'un fil de la Vierge et d'un rayon d'azur,
      Qu'il conduise ma sympathie !
Qu'il se fasse entre nous une communion,
Et que sa lèvre sente errer ma passion,
      Palpitante et divine hostie !

Chante-lui le Désir : hymne de volupté,
Cygne du Ciel, mourant sur son lac enchanté,
      Il tombe en déployant une aile.
Quand l'aube renaîtra, qu'elle l'entende encor,
Et qu'elle ait dans le cœur le luth de flamme et d'or
      D'une sérénade éternelle !

L'ABSENCE

L'ABSENCE

Lorsque deux âmes fiancées
S'appellent pour se réunir,
Comme les célestes pensées
D'une belle stance à finir,
Quand, après s'être enamourées,
Elles languissent séparées
Comme deux ramiers palpitants,
Qui peindra leur inquiétude ?
Et ta détresse, ô Solitude !
Et ta marche funèbre, ô Temps !

Comment dire ce que j'endure ?
Amour, se peut-il, Dieu charmant,
Que ta douceur me soit si dure,
Et qu'aimer soit un tel tourment !

Hier, tes philtres et tes charmes !
Aujourd'hui, ta foudre et mes larmes
Chassant loin de moi le sommeil !
Hélas ! De l'aube au couchant sombre,
Je ne vois partout que mon ombre
Dont son ombre était le soleil !

C'est en vain que l'Étude austère
M'ouvre ses bras endoloris :
Dans le Ciel comme sur la Terre
Je n'entends plus rien que mes cris.
C'est en vain qu'en mon épouvante
Je combats l'idole vivante
Dont je suis le prêtre et l'autel :
Mon propre cœur est ma victime,
Et, mortel, dans ma vie intime,
J'attise un amour immortel !

O mes maîtres, mes divins maîtres,
Hermès, Homère, d'Olivet,
O mes Bardes, ô mes grands Prêtres,
Avec vous mon esprit vivait
Dans les surhumaines merveilles !
Hélas ! ce qui cause mes veilles
N'est plus le Grand Œuvre idéal :
L'Amour a vaincu la Science,
Et j'abdique sous sa puissance
L'Art sacerdotal et royal !

Elle est grande, ta tyrannie!
Sois à jamais glorifié,
Amour, doux et cruel Génie,
Bourreau! tu m'as crucifié!
Oui, tes coups sont inévitables :
Tu meus les Forces redoutables,
Les Mondes et les Éléments ;
Tu domptes les Bêtes sauvages,
Et les Océans sans rivages
T'acclament sous les Firmaments!

Oui, ta main joue avec les choses,
Blessant les hommes et les Dieux ;
Oui, la pulpe de tes doigts roses
Fait tourner ma tête et les Cieux!
Mais avec Psyché j'examine
Le despote qui me domine,
Et je te dis : Amour, qu'es-tu ?
O Dieu que fuyait la Vestale,
N'es-tu qu'une force fatale
Au bonheur, comme à la vertu ?

J'étais heureux dans ma misère ;
Mon front calme roulait en lui
Tout un ciel que ma foi sincère
Couvait d'un regard ébloui.
Evoquant Orphée et Moïse,
Je voyais la Terre promise.

Luire à travers leur Testament ;
Et sur cette Europe en ruine,
J'écoutais la rumeur divine
D'un nouveau ciel en mouvement.

Tout s'est enfui depuis que j'aime.
Adieu, Foi, Science, repos !
Les ruines sont en moi-même,
L'anarchie habite mes os.
Je suis comme un temple de marbre,
Comme les ramures d'un arbre
Qu'un éclair vient de foudroyer ;
Je me noie et je me consume
Dans les orages que j'allume,
Et j'essaie en vain de prier !

Es-tu semblable à la tempête,
Au Simoûn du désert ardent,
Au tonnerre affreux que répète
L'écho de l'Espace grondant ?
Viens-tu du Néant ou de l'Être,
Toi que je brûlais de connaître,
Toi que je connais pour souffrir ?
Amour, Dieu que je glorifie,
Es-tu la loi qui vivifie,
Toi qui me fais ainsi mourir ?

Mais l'image de cette femme,
Malgré moi, revient me charmer ;

Elle sort du fond de mon âme,
Elle me dit : Il faut m'aimer !
Ah ! du moins, Amour, m'aime-t-elle ?
Chair périssable, âme immortelle,
Est-elle atteinte comme moi ?
Veille-t-elle mes insomnies ?
Souffre-t-elle mes agonies ?
Est-elle à nous, est-elle à toi ?

Tu le sais, toi qui, là-haut, planes
Dans les splendeurs et dans l'azur;
Les cœurs pour toi sont diaphanes,
Ton regard est profond et sûr.....
Ah ! soudain l'âpre jalousie
Semblable à ces poignards d'Asie
Dont le manche est un diamant,
Amour, Amour, rage insensée !
S'enfonce à travers ma pensée
Avec un long déchirement !

Elle est si loin, elle est si belle !
Hélas ! vivre ainsi séparés !
Non ! — J'ai vu sa froideur rebelle ;
J'ai vu les pleurs qu'elle a pleurés ;
J'ai vu, quand je l'ai fait attendre,
Un éclair dans son regard tendre,
Et cet éclair te révélait !
Sa bouche..... Mais silence, ô lyre !
Toi, mon cœur, contiens ton délire ;
Le Ciel t'écoute; s'il parlait !

Lorsque deux âmes fiancées
S'appellent pour se réunir,
Comme les célestes pensées
D'une belle stance à finir ;
Quand, après s'être enamourées,
Elles languissent séparées
Comme deux ramiers palpitants,
Qui dira leur inquiétude ?
Et ta détresse, ô Solitude !
Et ta marche funèbre, ô Temps !

L'ANTRE

L'ANTRE

Oh ! dis ! Te souviens-tu du soir où nous allâmes
  Nous asseoir au bord de la Mer ?
Le Couchant émaillait les écailles des lames,
  Et les oiseaux chantaient dans l'air
  De ravissants épithalames !

Qu'il était chaste et frais, ce cher antre ignoré
  Des pas importuns du profane,
Et ce bassin moussu de la Mer séparé
  Où, dans une onde diaphane,
  Jouait un monstre diapré !

Qu'il était calme et pur ce soir ! Qu'elle était douce
  Cette brise de l'Ouest brûlant !
La dentelle des flots s'effilait sans secousse ;

Leur écume blanche en tremblant
Perlait aux fils verts de la mousse.

Qu'il était grand au loin, ce Soleil qui mourait
Laissant à cette Mer dormante,
Encor tout imprégné d'un céleste secret,
Comme un amant à son amante
Son manteau d'or qu'elle moirait!

Oh! qu'il fut long, qu'il fut enivrant et suave,
Le baiser, le divin baiser
Dont j'effeuillai ta lèvre! Instant rapide et grave!
Je sentais mon cœur se briser
Comme un volcan trop plein de lave!

Alors, dis-moi pourquoi tu te pris à pleurer,
Pourquoi tout-à-coup, froide, pâle,
Je te vis tressaillir, tomber et déchirer
Avec tes beaux ongles d'opale
Le roc qui semblait soupirer!

Et lorsque je te pris comme une perle fine
Dans mes deux mains, bien doucement,
Lorsque jaloux du chant de la vague marine
J'écoutai battre, ô son charmant!
Ton cœur dans ta blanche poitrine,

Quand je t'eus réchauffée ainsi qu'un tendre oiseau,
Genoux en terre, mort dans l'âme,
Et lorsque sous mes yeux qui se fondaient en eau,

L'ANTRE

    Ranimés par ma bouche en flamme,
    Tes seins brisèrent leur réseau,

Pourquoi donc, à ma voix, ô ma blanche colombe,
    Répondis-tu : Mourir ! mourir !
Ah ! c'est qu'un cœur trop plein comme un beau lys succombe :
    Être heureux, c'est encore souffrir,
    Et tout nous ramène à la tombe !

Étrange, étrange argile ! Ah ! ne l'oublions pas !
    L'Amour et la Mort, dit Pétrarque !
Le Destin qui te mit si belle entre mes bras
    Fait un signe à l'horrible Parque,
    Quand nous l'oublions ici-bas !

Non, cependant ! l'Amour est comme la Lumière,
    Comme la chaleur du Soleil ;
Il nous révèle un Dieu, met le Ciel sur la Terre,
    Et joint ainsi qu'un pont vermeil
    Sa splendeur à notre misère !

Dieu n'en a pas moins fait depuis l'Éternité
    Pour les Hommes que pour les Anges ;
Car l'Amour, c'est Lui-même en sa réalité !
    Or ton cœur, à ses bonds étranges,
    Sentant Dieu, s'était arrêté !

Reviens, reviens encore, ô blanche bien-aimée,
    Nous asseoir au bord de la Mer !
Viens revoir près des flots cette grotte embaumée,

Où tu serais morte d'aimer
Si je ne t'avais ranimée !

Notre Dieu resplendit au sein de l'Univers ;
Sa chaleur douce nous convie ;
Ses belles flèches d'or pleuvant du haut des airs
Transpercent mon âme ravie
Avec l'ombre des arbres verts !

Avec le rossignol, j'appelle, je supplie !
Oh ! viens, ou je t'enlèverai,
Dussé-je aller chercher le char de feu d'Hélie !
As-tu peur ? c'est moi qui mourrai,
Si l'on ne cède à ma folie !

NOX ALMA

NOX ALMA

STROPHE

La Lune a fini son tour,
Nuit splendide, Nuit d'amour,
Nuit plus belle que le Jour,
    Nuit enchanteresse !
Nuit céleste où sa beauté
Revêtant la nudité,
Rayonna la volupté,
    Ne fuis pas, Déesse !

ANTISTROPHES

Le rossignol chante encor,
Une brise au doux essor,

Sur les candélabres d'or,
   Se joue embaumée.
Sous les rideaux pleins d'oublis,
Flots de moire aux sombres plis,
Belle et blanche comme un lys
   Dort la bien-aimée !

Calme comme un séraphin
La voilà vaincue enfin !
Dans des nimbes de lin fin
   Sa splendeur se noie ;
Ses bras blancs, voluptueux,
Flottent dans ses noirs cheveux,
Et la dentelle avec eux
   S'épand et tournoie !

Dans ses seins éblouissants
S'éteint l'orage des sens
Ils bercent comme un encens
   Son âme apaisée ;
Ils respirent doucement,
Blancs avec un point charmant,
Une fraise, un diamant
   De pourpre irisée !

Son visage est radieux
D'un sourire merveilleux,
Je me sens aimé des Dieux

Pour être aimé d'elle !
O Cieux ! Qu'elle est belle ainsi !
Océans d'amour, merci !
Car la perle, la voici,
    Et c'est la plus belle !

Dors, mienne ! Je veux veiller,
Je veux te voir sommeiller,
Et sans bruit, m'agenouiller !
    Mon cœur plein de flammes
Darde sur toi les rayons
Des divines passions :
Il faut que nous échangions
    Le baiser des Ames !

STROPHE

La Lune a fini son tour.
Nuit splendide, Nuit d'amour,
Nuit plus belle que le Jour,
    Nuit enchanteresse !
Nuit céleste où sa beauté
Revêtant la nudité
Rayonna la volupté,
    Ne fuis pas, Déesse !

MAGIE

MAGIE

Son rire frais est un hautbois ;
C'est une flûte que sa voix,
Quand la joie en elle étincelle ;
Et dans les parlers sérieux,
C'est un alto mystérieux,
Un chant mourant de violoncelle.

Maître du quatuor vivant
Qui sommeille en son sein mouvant,
Dans cette harpe d'Eolie
Je fais palpiter tour à tour
La gaîté claire de l'Amour
Ou sa sombre mélancolie.

Sa bouche rose aux blanches dents
Attire mes rêves ardents,
C'est l'onde et le fruit de Tantale.
Avec ses purs scintillements
De perles et de diamants,
C'est une aurore orientale.

Mes baisers, brûlants tourbillons,
Y descendent dans les rayons
Que mon cœur darde dans son âme,
Et lentement y font leur nid,
Comme le Soleil au zénith
Presse la Nature et l'enflamme.

Sa chevelure est un torrent
D'ébène à l'arome enivrant ;
Elle inonde, semblable aux saules,
Son beau cou de neige et d'azur,
Sa gorge mate au contour pur
Et le marbre de ses épaules.

Comme la Nuit sur le Mont-Blanc,
Sur son front, sur son corps brillant,
J'épands ces lourds et sombres voiles ;
Mais sa blancheur luit à travers,
Comme du nocturne Univers
Filtrent les rayons des Etoiles.

Réfléchissant des Cieux sans fonds,
Ses yeux noirs sont des lacs profonds,

Profonds à donner le vertige ;
Ses paupières aux cils perlants
Les couvrent, doux nuages blancs,
Lorsque mon regard y voltige.

Par un pouvoir qui vient des Cieux,
J'ai le secret délicieux
Des profondeurs de ces yeux sombres,
Les clefs subtiles du palais
Que ces lacs aux brusques reflets
Cachent au fond de leurs plis sombres.

Car lorsque ces grands yeux sont clos
Sous les miens, leur versant à flots
L'Ether de l'Essence première,
Pour son âme il n'est plus de nuit,
Et, clairvoyante, elle me suit
Dans l'Abîme de la Lumière!

LE CANTIQUE

LE CANTIQUE

Gloire à toi, fille du Soleil,
Frêle femme à l'âme électrique,
Fleur d'un paradis féerique,
Rayon de l'Orient vermeil !
Aucune ombre ne peut atteindre,
La Mort même ne peut éteindre
L'amour que tu sus m'inspirer !
Je veux que ton beau front rayonne
Près du mien, comme une couronne
Que la gloire viendra dorer.

Gloire à toi ! J'aime cette vie !
Oui, grâce à toi, dès ici-bas,
Dans l'étreinte de mes deux bras
Je tiens ce Ciel que l'Homme envie.

Le bonheur, le divin bonheur
N'est plus un rêve pour mon cœur ;
Il existe, il remplit mon âme,
Il baigne mes nerfs frémissants,
Depuis le jour que je ressens
Ton vertige, adorable femme !

Oui, depuis la première fois,
Où, poitrine contre poitrine,
Je bus ta tendresse divine
Qui me fait roi parmi les rois ;
Depuis l'heure à jamais sacrée
Où ma bouche l'a respirée
Sur ta bouche, en un long baiser,
Un tourbillon brûlant m'entraîne,
Et mon cœur s'étonne, ô ma Reine,
De battre ainsi sans se briser !

Dans cette immense sympathie
Qui nous prit sur son char de feu,
Sous le souffle de l'Amour-Dieu,
Toute ma détresse est partie.
Le jour qui m'éclaire est divin,
L'air que j'aspire est comme un vin ;
Ton arome y flotte et m'enivre !
Tout mon cœur vibre comme un chant !
Je bénis la Terre, en marchant,
D'y jouir du Ciel et de vivre !

O maîtresse ! Aimer, être aimé,
Être ton esclave et ton maître,
Être à la fois Dieu, temple et prêtre
De ton doux mystère embaumé !
Donner et recevoir l'extase !
O vous qu'invoquait Métastase,
Jeunesse, Printemps, Volupté,
Amour, Beauté, Grâce suprême,
Si vous n'êtes pas Dieu lui-même,
Qu'est-ce que la Divinité ?

Que de fois, chère enchanteresse,
Lorsque, dans tes deux bras charmants,
Je sentais le Dieu des amants
Frémir en moi sous ta caresse,
Que de fois, lorsque j'ai crié,
Ta main sur mon cœur déployé
Au-delà des forces humaines,
Que de fois j'ai dit à la Mort
De m'emporter dans ce transport
En me donnant tes bras pour chaînes !

Est-ce vrai qu'il arrive un jour
Où le Sacré devient profane,
Où la fleur céleste se fane
Sur l'autel voilé de l'Amour,
Où les éclairs des yeux de flamme
Rentrent dans les Gouffres de l'Ame

Avec les grands frémissements,
Où l'on demeure seuls et sombres,
Où Terre et Cieux, tout est décombres
Et nuit sans éblouissements ?

Ne plus t'aimer, ô mon amie !
Ne plus être ton bien-aimé !
Voir le livre de Dieu fermé !
Survivre à notre âme endormie !
Ne plus frémir en te voyant
Comme aux lueurs de l'Orient
Frémissent les bois et les ondes !
Ne plus entendre ni sentir
Bondir mon cœur, ni retentir
Ton cœur plein de l'Ame des mondes !..

Dieu ! puissé-je mourir avant
Que notre extase ne s'achève ;
Oui ! Si le bonheur n'est qu'un rêve,
Lève-toi, Mort ! prends-moi rêvant !
Toute mon âme possédée
Se débat à la seule idée
D'un tel anéantissement,
Comme si je voyais, sans nombre,
Pleuvoir dans les Gouffres de l'Ombre
Les Étoiles du Firmament !

Mais je délire : toi, pardonne !
Tout luit, là-haut, tout s'aime aussi !

Jouissons, jouissons ici
Des biens sacrés qu'un Dieu nous donne.
Viens à ma voix : le Ciel est pur;
Les Astres brûlent dans l'azur
Comme en nos cœurs l'Amour superbe;
L'Espace et le Temps sont à nous;
Je t'attends, ouvrant à genoux
Ma vie aux musiques du Verbe !

Oh ! viens régner ! viens m'éblouir !
Près de toi, le Ciel, c'est la Terre;
Sans toi, mon esprit solitaire
Voit l'Infini s'évanouir !
Viens ! Mon corps est comme une amphore
Où, chaque soir, plus pur encore,
Renaît un nectar enchanté !
Viens ! Comme le Phénix antique,
Mon amour sort plus poétique
Du bûcher de la Volupté !

LA GLOIRE

LA GLOIRE

Pourquoi me parler de Gloire,
Quand je te parle d'Amour ?
Est-ce à la Nuit qu'il faut croire,
Quand brille l'Astre du jour ?

La Gloire ? Mais c'est ton ombre,
C'est la trace de tes pas,
C'est l'écho du boudoir sombre
Où je t'invoque tout bas !

La Gloire ? c'est ce qui reste
Des accords voluptueux
Dont ta démarche céleste
Emplit sans cesse mes yeux !

C'est l'enivrement étrange
Qui m'envahit, quand soudain
Ton regard brûlant me change
En roi d'un nouvel Eden ;

C'est mon cœur que le tien presse,
Même en battant loin de moi.
Ma Gloire, ingrate maîtresse,
Ma Gloire à moi, mais c'est toi !

Ne tiens-tu pas mes pensées,
Mes désirs, mes chants, mes vœux,
Dans les ondes délacées
De tes ruisselants cheveux ?

N'es-tu pas l'enchanteresse
Et le charme tout-puissant,
La volupté, la caresse
Et la fleur de tout mon sang ?

N'es-tu pas ma vie, ô femme ?
N'as-tu pas dans tes deux mains
Mon esprit, ma chair, mon âme,
Triple lyre aux nerfs humains ?

Ah ! presse-la, cette lyre
Qui ne sait que te chanter !
Presse-la dans ton délire,
Jusqu'à la faire éclater !

O Reine! n'es-tu pas fée!
Sans Eurydice, où serait
Le nom rayonnant d'Orphée?
L'Ebre seul le redirait.

Aimons-nous! encore! encore!
Aimons-nous! toujours! toujours!
Notre amour qui vient d'éclore,
Surnagera sur nos jours.

Pourquoi poursuivre autre chose?
Tout nous viendra par surcroît.
Le laurier n'est pas la rose :
L'une meurt quand l'autre croît.

Ah! laisse fleurir ma vie,
Belle Muse aux yeux de feu!
Et ce que ton âme envie,
Cette fleur du Ciel de Dieu,

La Gloire, dans ma poitrine,
Aux rayons de ta beauté,
Prendra doucement racine
Avec la Félicité!

L'ADIEU

L'ADIEU

Toi qui rendais l'Exil plus doux que la Patrie,
  C'en est donc fait, tu vas partir !
J'avais fait un beau rêve ! Amère raillerie !
Il semble que la Mer vient de nous engloutir !
Adieu ! Je perds en toi ma seconde patrie :
  Adieu !

Poussé vers ces rochers par une fièvre ardente
  De Bonheur et de Vérité,
J'avais lu dans tes yeux le Paradis de Dante,
Et je t'avais vouée à l'Immortalité.
Tu pars : hélas ! je reste avec ma fièvre ardente.
  Adieu !

Je ne t'avais rien dit : tu semblais tout comprendre,
    Et je travaillais nuit et jour.
La Gloire est un joyau de femme. Pour la prendre,
Je sentais sur mon front les ailes de l'Amour.
C'en est fait ! Et pourtant tu semblais tout comprendre !
    Adieu !

Adieu ! Je t'élevais splendide dans mon ombre
    Sur un autel mystérieux !
Tout se voile. Ma nuit va devenir bien sombre ;
J'emporte dans l'Enfer le souvenir des Cieux !
La Lumière s'éloigne, et je gémis, moi, l'ombre !
    Adieu !

Bientôt tous les échos diront : Elle est partie !
    Ces échos seront des sanglots !
J'aurai vu se briser la seule sympathie
Qui me retienne encore en suspens sur les flots :
Pour qui vivre ou mourir quand tu seras partie ?
    Adieu !

Si je ne suis pas mort ou frappé de démence,
    Quelque jour tu me reverras.
L'Amour et la Douleur sont une force immense.
J'aurai le rameau d'or ; et toi, tu comprendras
Ce qui peut aujourd'hui me frapper de démence.
    Adieu !

Souviens-toi cependant, quelle que soit ma vie,
  Que je t'en dois le seul bonheur.
Je souffrais, et pourtant j'avais l'âme ravie ;
Le miel avec le feu ruisselaient dans mon cœur.
Le miel n'est plus ; le feu va dessécher ma vie !
  Adieu !

La nuit, quand je suivais la marche des Étoiles
  Je t'apercevais dans l'azur ;
Les Astres pâlissaient et reployaient leurs voiles,
Et ton fantôme seul me rendait calme et pur.
Maintenant c'est la Nuit, mais la Nuit sans Étoiles.
  Adieu !

Je te voyais partout : tu remplissais mon âme
  D'élans et de désirs géants.
En rêve, je croyais sauver d'un monstre infâme
Une urne lumineuse au fond des Océans.
Elle est brisée, hélas ! Et le monstre... ô mon âme !
  Adieu !

Ah ! que le Vent soit doux et le Ciel sans nuage,
  Que la Mer soit comme un miroir,
Lorsque tu quitteras ce funèbre rivage !
Prends pour toi tout l'azur ; moi, je n'en veux plus voir !
Laisse-moi les Éclairs, la Foudre, le Nuage !
  Adieu !

Toi, puisses-tu trouver le Bonheur dès ce monde :
      Je l'y chercherais vainement !
Que les réalités de cette argile immonde
Sous tes deux pieds d'enfant se fassent diamant !
Tu pars ! Ah ! si c'est vrai, le Vide est dans le Monde !
      Adieu !

Quoi, tout s'évanouit ! Je ne pourrai plus dire :
      Cette Mer est autour de nous !
Je respire et je vis dans l'air qu'elle respire !
Elle a foulé le sol où je tombe à genoux !
Je n'aurai plus qu'un mot, un glas de mort à dire :
      Adieu !

Ah ! je ne devrais pas montrer combien je souffre !
      Aimer ainsi ! Qu'en dira-t-on ?
Qu'importe ! Il me convient de clamer dans mon gouffre.
C'est un immense amour qui fit la Passion,
Et moi, banni du Ciel, j'ai ma croix, et je souffre !
      Adieu !

Donc mon âme est brisée ! Adieu, blanche Espérance !
      Adieu Gloire, Amour, visions !
Adieu Bonheur ! A moi le Gouffre, la Souffrance !
Mon Génie et ma Foi s'en vont dans tes rayons !
Adieu Terre, adieu Ciel ! Espérance ! Espérance !
      dieu !

JE NE VOUS AIME PLUS

JE NE VOUS AIME PLUS!

Qu'elle est longue, ô mon Dieu, cette nuit d'insomnie!
On dirait que l'Aurore en cette ombre infinie
A peur de se noircir, et, prolongeant le Temps,
Pousse loin de Paris ses coursiers haletants.
Cinq paroles de mort, cinq paroles funèbres
Dansent devant mes yeux sur un fond de ténèbres,
Et l'incantation de ces mots discordants,
Pénétrant dans mon cœur, le lacère en dedans.
Ma fièvre donne un corps à ces rouges syllabes
Qui, tour à tour, ainsi que des démons arabes,
Font des taches de sang sur le front de la Nuit;
Puis, soudain, s'élançant avec un affreux bruit,
Toutes les cinq, en chœur, tout autour de ma tête,
Volent, valsent avec des sanglots de chouette,

Des cheveux de serpents, nœuds remplis d'affreux cris,
Et des ailes de djinns et de chauve-souris.
O nuit, ô triste nuit! Qu'elle est horrible et lente
Cette insomnie! En vain sur ma couche brûlante
Je me tords, invoquant le sommeil merveilleux;
Je veille, et mes pleurs seuls alourdissent mes yeux.
Quel silence! L'on dort dans cette Babel sombre!
Hélas! Que ne dors-tu, spectre errant dans mon ombre,
Phrase parjure, et toi, dont le dur battement
Retentit dans ce vide et cet isolement,
Cœur à la fois gonflé de sang, de feu, de larmes
Et des rébellions des passions en armes!

* *

« Je ne vous aime plus! » Quoi! celle que j'aimais,
Celle qui me jurait m'aimer et pour jamais,
Celle à qui j'ai donné, chère déshéritée,
La révélation du feu de Prométhée,
L'initiation magique des Elus,
Elle me dit à moi : « Je ne vous aime plus! »

* *

« Je ne vous aime plus! » Mais moi je t'aime encore!
Et je crains pour ton âme, et je veille, et j'implore
Du Dieu, du Dieu d'Amour que tu navres, hélas,
L'heure de l'Angelus, car en moi c'est le glas!

« Je ne vous aime plus ! » Est-ce toi qui l'as dite
Cette chose de mort, cette phrase maudite,
Ce blasphème effrayant que hurlait le Chaos
A l'Esprit amoureux qui flottait sur les eaux ?
Est-ce de tes seins blancs et de ta bouche rose
Qu'est sortie en sifflant cette exécrable chose,
Ou bien des durs rochers où, dans les trous rampants,
Se mordent dans l'horreur les venimeux serpents ?
Vient-elle de ton cœur cette parole athée
Dont l'Aube est par la Nuit lâchement souffletée,
Que le hideux Néant jette aux Astres en feu,
Le Mal au Bien suprême et l'Homme ingrat à Dieu ?

Mais prends garde ! Je puis, d'un coup, comme un quadrige,
Arrêter brusquement mon sort que je dirige,
Mes folles passions, coursiers volant vers toi ;
Je puis leur crier : Halte ! et revenir à moi ;
J'ai le Ciel pour refuge à défaut de la Terre,
Et si je suis tombé du haut de son mystère,
J'ai l'aile de la Foi pour planer sur l'Amour !
Prends garde ! Ma Magie est une haute tour
D'où mon flambeau croula pour embraser ton âme ;
Mais je puis délivrer l'incorruptible flamme,
M'élancer, rallumer mon phare sur ta mer,
Et voir sur les écueils ton naufrage écumer !
Que te restera-t-il comme épave suprême,
Quand, prêtresse sans Dieu, reine sans diadème,
Sur le roc de l'oubli tordant en vain les bras,
Tu verras ta détresse et tu m'apelleras ?

15

Après le Jour, la Nuit; après l'Amour la Haine;
Après le Ciel, l'Enfer; après l'anneau, la chaîne;
Après l'Eden, la chute au gouffre du remord;
Après la Vie immense et divine, la Mort !
On n'aime pas deux fois de cet amour superbe
Que le Génie arrache au grand Temple du Verbe;
On ne voit pas deux fois la révélation
De ce secret divin de la Création;
On n'entend pas deux fois ces orgues de la Vie;
On ne sent pas deux fois dans son âme ravie
Ces parfums enivrants du Paradis perdu.
Quand de ces fiers sommets un être est descendu,
Pur, il n'a qu'à mourir, car au moins il reste ange;
Vil, il peut vivre encor, mais il tend vers la fange,
Veut éteindre sa flamme au sein du mal béant,
Maudit son Créateur et retourne au Néant.

* *
*

Réfléchis ! Quant à moi, je brave ton caprice;
J'ai fait descendre en toi la Force créatrice,
L'Amour, Ame de Dieu : tu peux la profaner;
Mais dans ton repentir tu l'entendras tonner.
Quand d'un pareil amour une âme se délie,
Dans le Ciel, son étoile est prise de folie;
Elle roule à travers l'Espace épouvanté,
Versant partout l'horreur et la fatalité;
Et sur terre, cette âme en son corps périssable
Est comme un feu follet vacillant sur du sable;

C'est une léthargique en proie au noir tombeau.
Rien, ni la Vérité, ni la Splendeur du Beau,
Ni l'essai d'un nouvel amour ne peut lui rendre
La séve et le printemps engloutis dans sa cendre;
Et quand elle regarde au fond de ses débris,
Elle y voit un fantôme et son propre mépris.
Telle est la mort de l'Ame, et cette destinée
Est le fruit de sa fleur par elle profanée.

Si tu veux vivre, vis. Si tu veux mourir, meurs!

*
* *

Mais déjà l'Aube naît : de confuses rumeurs
Emplissent ce Paris qui survit à sa honte ;
L'Angelus joyeux sort de ses urnes de fonte ;
Le coq chante ; la Nuit s'ouvre ; enfin ! C'est le Jour !
Non. C'est encor la Nuit, si ce n'est plus l'Amour !
Encor un jour, un jour de trop ! Toute meurtrie,
Triste jusqu'à la Mort, mon âme saigne et prie ;
Et métamorphosant en glas cet Angelus,
Elle dit au Soleil : « Je ne vous aime plus ! »

SUR MER

SUR MER

ROMANCE

Au soleil — des flambeaux, — quand la valse folle
Dans ses bras — élégants — t'emporte en chantant,
Lorsque Strauss — fait bondir — le bal palpitant,
Quand le gai — tourbillon — glisse, roule, vole ;

Quand parmi — cent beautés, — toi, plus belle encor,
Centre ailé — des désirs, — des yeux et des flammes,
Tu parais, — disparais, — enroulant les âmes
Aux anneaux — onduleux — de ton collier d'or ;

Songes-tu — que bien loin, — sur les flots énormes,
Dans le gouffre — et le vent, — dans l'immense Nuit,
Un navire — emporté — poursuit à grand bruit
Ses galops — et ses bonds — sous des Cieux informes ?

On ne voit, — tout là-haut, — que larmes et deuil,
Et parfois — un éclair — rayant les ténèbres,
Ou la Lune — argentant — de rayons funèbres
L'Océan — qui ressemble — au drap d'un cercueil.

Le vent souffle, — il rugit. — L'onde noire ét blême
Bat carène — et voilure. — Au dehors, ainsi,
C'est la Nuit, — c'est l'horreur, — et pourtant, ici,
Dans mon cœur, — c'est le Jour, — c'est le Ciel : je t'aime !

PARDON

PARDON

Vous vous trompez : je n'ai ni haine ni mépris,
Vous étiez à mes yeux une perle sans prix ;
Vous vous êtes vendue et vous voilà brisée !
Par qui donc seriez-vous haïe et méprisée,
Si ce n'est par vous-même, âme de peu de foi ?
L'Idole a fui le Temple et la Reine le Roi :
Schylock a pris l'Idole, un lépreux tient la Reine.
Je pleure la Déesse et plains la Souveraine
Qui, cherchant la fortune, a trouvé le Ghetto,
Et, du Pont des Soupirs, se jette au Rialto.
Cet hymen ne pouvait être qu'un adultère ;
Mais jusques à la tombe il vous rive sur terre,

Par le terrible anneau du mariage humain,
Au cadavre vivant qui vous glace la main.
Vous souvenant alors du Temple et et du Royaume,
Vous vous désespérez, vous maudissez cet homme,
Vous m'appelez du fond de l'abîme, et vos cris
Viennent vers moi, navrants comme ceux des proscrits.
Je ne fermerai pas mon cœur à l'exilée ;
Je ne répondrai point à la voix désolée
Par l'implacable arrêt du silence des Morts ;
Mais que puis-je pour vous et contre vos remords ?
Qui donc vous a damnée, enchaînée et proscrite ?
Que puis-je, maintenant que ce Prêtre hypocrite,
Transformant en étal sa croix et son pouvoir,
A vendu pour toujours votre cœur sans le voir ?
L'Homme achète la chair : Dieu seul rachète l'âme.
Vous pardonner ? C'est fait ; mais vous, charmante femme,
Vous pardonnerez-vous ? J'en doute, et cependant
Je vous jure que c'est mon vœu le plus ardent.
Priez ! L'Amour puissant dont vous fûtes ravie,
Vous le retrouverez par delà cette Vie.
Il n'était pas d'ici, ce pur nectar de Dieu
Que je vous ai fait boire en ma coupe de feu,
Et je l'avais puisé dans la source première
D'où l'Ame du grand Dieu fait jaillir la Lumière.
Nous nous sommes aimés comme s'aiment aux Cieux
Les Esprits immortels, les Astres et les Dieux,
Comme s'aiment ici la harpe et le prophète.
Notre communion fut exquise, parfaite,
Et de ce souvenir, — c'en est un désormais ! —
Le respect dans mon cœur ne s'éteindra jamais.

Mais nous devons, il faut nous fuir! je veux, j'ordonne!
Car sachez, sachez bien que si mon cœur pardonne,
C'est qu'il reste à l'autel que vous avez quitté
Pour trouver le néant de votre liberté.

EPITAPHE

ÉPITAPHE

STROPHE

O musiques, flammes, encens !
O mystères éblouissants,
Nectar des célestes calices !
O communion des délices !
De l'esprit, de l'âme, du corps !
Adieu flambeaux, parfums, accords,
Grande ivresse trop tôt ravie,
Fête magique de la Vie !

ANTISTROPHES

Hélas ! l'implacable tombeau
Dévore le corps le plus beau
D'où sorte une âme passagère !
Terre, Terre, ah ! sois-lui légère :

Elle a pesé si peu sur toi !
Et quand j'aurai fini, prends-moi :
Ma vie embrassant l'Etendue
Rejoindra sa splendeur perdue.

Mais toi, dans le Ciel, tu m'entends !
Délivrée à jamais du Temps,
Ame adorée, entr'ouvre l'aile !
Viens ! Plane sur ce cœur fidèle !
Bois l'encens pur du souvenir !
Ce doux passé, c'est l'avenir !
Quand la Mort m'ouvrira ses voiles,
Nous serons un dans les Etoiles !

STROPHE

O musiques, flammes, encens !
O mystères éblouissants,
Nectar des célestes calices !
O communion des délices
De l'esprit, de l'âme, du corps !
Adieu flambeaux, parfums, accords,
Grande ivresse trop tôt ravie,
Fête magique de la Vie !

LA MORT

LA MORT

O Fleuve, où roules-tu tes ondes voyageuses
   Qui caressent les Monts géants ?
« Brume, source, torrent, fils des cimes neigeuses
« J'ai grandi, je vais voir les cimes orageuses
   « Qui roulent sur les Océans ! »

Oh ! reste encor ! La Mer est un sépulcre immense !
   Tes bords ne sont-ils pas fleuris ?
« Mon lit mène à la Mer : résister est démence,
« Le Fleuve doit finir où l'Océan commence :
   « Adieu ! Les Destins sont écrits ! »

Peuples, où marchez-vous ainsi, d'âges en âges,
   Vous poussant, vous mordant les flancs ?
« Nous marchons vers l'Abîme, et l'Etoile des Mages

« Est un astre de mort qui perce les nuages
     « Pour y guider nos pas tremblants. »

Pourquoi donc mourez-vous, quand la Nature entière
     Vit dans l'éternelle Beauté ?
« Ce qui te semble beau n'est qu'erreur et matière.
« La Nature, pour nous, finit au cimetière :
     « Adieu ! chaque instant est compté. »

Cieux, vastes Cieux, pourquoi l'effrayante harmonie
     De vos innombrables splendeurs,
Quand la voix de la Terre est un cri d'agonie ?
Ah ! n'éprouvez-vous pas une angoisse infinie
     En éclairant ces profondeurs ?

Tous ces peuples couchés dans les champs funéraires
     Ne hâtent-ils pas votre cours ?
Ne frissonnez-vous pas au vent de leurs prières ?
Astres du Firmament, n'êtes-vous pas tous frères ?
     La Terre se meurt ; au secours !

« Le globe où vous mourez, jadis soleil superbe,
     « Suit l'immuable Loi d'un Dieu.
« Tout meurt dans l'Univers, les Soleils comme l'herbe.
« Le Fleuve où vit le cygne et l'Homme où vit le Verbe
     « Ont pour hymne un immense adieu ! »

Seigneur, tu m'as frappé plus durement qu'Homère
     En me montrant tes Cieux si beaux,
Ma magnifique amie et les yeux de ma mère,

LA MORT

Pour que tout disparût, vision éphémère,
    Dans l'éternité des tombeaux !

Quoi ! tout ce que je vois ! quoi ! tout ce que j'embrasse
    Est un vain jouet du trépas ?
Maîtresse, mère, amis et frères de ma race,
Tous vont mourir, et moi, criant, cherchant leur trace,
    Un Dieu ne me répondra pas ?

Mort, Abîme, où sont-ils ceux que l'Archange sombre
    Fauche dans l'éternelle Nuit ?
Qu'est l'Ame après le corps, la Lumière après l'ombre ?
O Mort, terrible Mort ! où vont les morts sans nombre ?
    Parle, muette : il est minuit !

Je n'ai pas peur : parais, ô Reine des détresses !
    Dusses-tu me prendre aux cheveux,
Lève-toi, Sphynx, réponds ! Les nuits que tu nous tresses,
Montre-moi leur Soleil ! Les tombes, tes maîtresses,
    Je veux leur parler, je le veux !

Rien ! Mon appel se perd sans écho dans la brise ;
    Le Ciel sourit dans sa clarté ;
Tout se tait, Dieu des Dieux ! Pourtant mon cœur se brise !
La Foudre tombera sans que je te maîtrise,
    O cri de mon cœur dévasté !

Bois, Fleuves, Océan, Montagnes, Ciel paisible,
    Je vous atteste à deux genoux !
Si la Vie est un bond vers un but impossible,

Et si rien ne survit à la forme visible,
    Pourquoi s'est-on joué de nous?

À quoi bon la Pensée, à quoi bon le Génie,
    A quoi bon l'Amour enchanteur?
Oh! dites! Pourquoi donc cette extase infinie,
Puis cet adieu d'une ange en proie à l'agonie
    Et maudissant le Créateur?

O mon amie! O ma tendresse! O bien-aimée!
    N'es-tu plus rien que dans mon cœur?
Rien de toi n'a-t-il fui cette tombe fermée,
Une âme, un spectre, un souffle, une ombre, une fumée,
    Un débris de notre bonheur?

Si tout reste muet, les Astres et la Terre,
    Guerre au Ciel, au silence, aux Dieux!
Je rugirai si haut la plainte humanitaire
Que tout pourra crouler, sans pouvoir faire taire
    Mon cri montant de Cieux en Cieux!

Allons! surgissez tous, amants morts à la peine!
    Soleils éteints, peuples, géants,
Dressez-vous tous! L'Amour blessé se change en haine!
Allons, désespérés, et toi, poussière humaine,
    Sortez de vos tombeaux béants!

Les temps sont arrivés de s'écrier : Justice!
    Si la Justice nous entend!
Tonnez, ô mes douleurs! Que votre hymne aboutisse

Jusqu'à Dieu! S'il est sourd, s'il faut qu'on le maudisse,
　　A moi l'Enfer! Debout Satan!

Debout, debout, debout, Roi de l'horreur profonde!
　　Et toi, prophète au noir clairon,
Vois : l'arc-en-ciel céleste a disparu de l'onde;
Dieu se cache; il fait nuit; la Mort est dans le monde!
　　Debout, poëte! A moi, Byron!

O Ciel! que vois-je! C'est Elle illuminant l'ombre!
　　Sa main presse une lyre d'or
Qui m'appelle! J'entends des concerts : le Ciel sombre
S'ouvre et chante! O mon Dieu! Ces chants, ces voix sans nombre!
　　A genoux! Elle vit encor!

« Je vis toujours. Croyez en Dieu. Voici l'Aurore
　　« Qui vient dorer les cyprès verts!
« Espoir, Amour! Le doute affreux qui te dévore
« Va s'éclaircir. Amour et Foi! Voici l'Aurore
　　« Qui se lève dans l'Univers!

« Que le front des forêts se change en harpe folle
　　« Pour célébrer le Jour naissant;
« Que la Terre tressaille au vent de la Parole,
« Et qu'un peuple d'oiseaux quittant l'ombre, s'envole
　　Et pousse un hymne grandissant!

« La splendeur de l'Ether va tirer toute chose
　　« Du chaos de l'obscurité;
« Le Ciel va s'entr'ouvrir comme un bouton de rose,

« Et tu verras l'œil d'or de l'éternelle cause
  « Dans l'Orient plein de clarté !

« Je pars : toi, prends la Lyre ! A la Terre ravie
  « Parle de la Divinité !
« Voici le grand secret que l'Ame humaine envie :
« Elle ne peut mourir ! La Mort rythme la Vie ;
  « Le Temps scande l'Eternité ! »

La Mort

La Mort

A jamais suscité par la Nature à Se diviser pour Se multiplier, à lui donner à *Elle* tout le Mouvement initial, pour que sa Forme soit dans la Plénitude cosmogonique, l'*Eternel Masculin* se laisse posséder par l'*Eternel Féminin*.

Entre eux, l'Union est indissoluble, totale, parfaite, et ce que je vais dire bientôt sur la Mort n'implique rien contre cette Union.

Tous les Principes actifs de l'Un entrent en acte dans la Substance plastique de l'Autre.

Moïse nomme ces Principes *Œlohim, Dieu les Dieux*; et c'est par l'une de leurs activités *Rouâh Œlohim*, et non par *Jéhovah*, qu'il fait générer la seconde des Forces, la Lumière.

Il appelle *Ionâh* la Substance plastique de l'*Epouse Divine*, une fois fécondée par l'Esprit et en travail d'un nouveau Monde Solaire, *Noâh*, dans une enceinte cosmogonique déterminée, *Thébâh*.

Dans cette enceinte, dans tout Monde Solaire, la Vie, l'Existence des Êtres, la Subsistance des Choses vient d'*Ionâh*, la Colombe amoureuse, emblême sacré des antiques Ioniens, et celle-ci suit le cours réfléchi de la Lumière, *Ararat*, en sublimant l'essence ignée des Esprits, des Ames et des Corps.

Dans tout Monde Solaire également, la Mort, le retour des Êtres à l'Être, des Choses à la Substance originelle, *Tohu-Vah-Bohu*, est une Puissance cosmogonique du *Dieu Mâle*, s'opposant à *Ionâh* partout où les Ténèbres s'opposent à la Lumière.

L'Initiateur premier d'Israël, de la Chrétienté et de l'Islam, nomme cette Puissance des Ténèbres *Horeb*.

Orphée, qui avait également reçu l'Initiation dans les Sanctuaires d'Egypte, lui donne le même nom, *Érèbe*, comme il donne le nom d'*Io* à la Puissance génératrice de la *Mère Universelle*.

Mais dans la Cosmogonie d'Orphée, *Érèbe* signifie plutôt le lieu propre à la Puissance destructive du *Père*; dans celle de Moïse, *Horeb* peint sa force dévorante.

Ce lieu, c'est l'ombre corporelle des Êtres et le cône de Ténèbres que toute Planète traîne derrière elle dans les Cieux.

Telle est cette Vallée de l'Ombre de la Mort que n'a jamais atteinte la clarté du Soleil et que visitent seules la Lune et les Étoiles.

Osons le dire : Oui, le *Père* est Destructeur, par cela même qu'il est Créateur, *Dieu* bon, quand il faut l'être, *Dieu* terrible parfois, *Tout-Puissant* toujours, non sur la *Nature*, mais par Elle, et sur les Fils de l'*Homme*, par Elle et par eux.

L'*Éternel Féminin* conserve seul l'*Univers*, et le défend à jamais contre l'accablante étreinte de l'*Éternel Masculin*.

Voyez le grand livre des hiéroglyphes terrestres : les mâles rugissants, qui portent la marque physique de *Dieu*, dévoraient les *Petits*, si la *Nature*, leur Providence, ne veillait dans le cœur de la Mère, et n'armait sa faiblesse d'une force terrible pour les défendre des ongles et des dents.

Dans la Famille, noyau de l'Etat-Social de l'Homme, le Mâle, dans le Père, pèse lourdement sur l'Enfant mâle, il déprime, le plus souvent, ses développements intellectuels et moraux, en comprimant les variations du caractère qui se forme sous l'unité du sien, qui, formé, veut tout plier à sa loi.

Au contraire, la Femme, symbole vivant de la *Nature*, est diverse comme Elle, et suscite l'Enfant à tous ses développements.

Les anciens Temples, les antiques Constitutions sociales,

étaient plus éclairés sur ces religieux Mystères de la Vie que nos Sociétés encore barbares.

La confusion des Sexes et des Ages ne régnait pas plus dans la Maison familiale que celle des Rangs dans l'Etat.

La Femme avait refuge dans le Gynécée, l'Enfant dans la Femme.

Il est vrai aussi que la Femme puisait la Science, l'Art et l'Initiative de sa Prêtrise dans des Sanctuaires Féminins, et qu'elle avait un Culte précis des Générations, une Religion définie des Ancêtres.

Quand ce Culte et cette Religion furent profanés par la banalité et le scepticisme des neutres civilisés, blasphémés par l'argutie des neutres philosophiques, insuffisamment défendus par les neutres sacerdotaux, la Famille et la Cité s'écroulèrent, la confusion des Sexes, des Ages et des Rangs brisa et emporta les assises réelles de la Société, engloutit toute hiérarchie, le hasard régla seul désormais l'entrée des Générations dans la Vie ; les Foyers confondus furent abandonnés des Ancêtres, et la Mort, la Puissance terrible du *Père* de l'*Univers*, entra dans le monde antique et le dévora tout entier dans ses formes religieuses, politiques et civiles.

Quand une Société se meurt, sauvegardez sa renaissance en sauvegardant les Morts, les Femmes et les Enfants.

Si donc vous ne voulez pas que l'Enfant soit le sépulcre d'un homme, gardez-le des hommes jusqu'à la dixième année ; que le Père n'intervienne que rarement ; que la Mère règne en Prêtresse-Reine sur l'Élevage et sur toute l'Éducation première.

C'est pourquoi vous, Églises, Synagogues, Mosquées, au nom du *Saint-Esprit* dont j'indique ici le Testament spécial, rouvrez à sa lumière le Testament du *Père*, cherchez sous votre Genèse la Cosmogonie de Moïse, reprenez l'Initiative civilisatrice en réservant l'Initiation ; donnez-la d'abord aux Femmes, aux Ages ensuite, aux Rangs plus tard, aux Races enfin ; ou craignez la Mort sociale : le *Père* céleste est courroucé, et les Ancêtres effrayés avertissent depuis longtemps les Générations que la Destruction est proche.

La Mort est un baiser de *Dieu*, une caresse du Père Universel.

Voilà pourquoi, Mère des Générations humaines, la Femme

craint *Dieu* plus qu'elle ne l'aime; comme la lionne, elle tremble pour ses lionceaux, et elle écoute avec anxiété les bruissements lointains de l'Invisible.

Voilà pourquoi le Fils est venu la rassurer et lui apporter sa promesse, dont il est temps de laisser passer et agir l'Esprit, si l'on veut que la Médiation des choses divines dans les choses humaines ne demeure pas lettre close et Parole morte.

Levez-vous donc, vous toutes, vous tous qui voulez que la Chrétienté, l'Islam et Israël revivent dans une splendide transfiguration !

En vous découvrant quelques-uns des Mystères de la Mort, j'arrêterai parmi vous la profanation des Mystères de la Vie, et la Renaissance alors viendra.

Les Prêtres de la Grande Pyramide jetaient en courant cette parole funèbre dans l'oreille droite de l'Initié :

« *Osiris*, l'*Eternel Masculin* est le *Dieu noir*. »

Choisissez donc entre la réalisation de la Promesse du *Fils* et celle du Jugement dernier du *Père*, entre la Vie et la Mort.

Individus et Sociétés, faites comme les Femmes, et craignez *Dieu*.

Cette crainte est le commencement de la Sapience.

Ainsi, partout où l'Ombre combat la Lumière, partout la Mort, Puissance cosmogonique du Père, est présente quoique invisible, active, bien que latente.

Reine des Épouvantements, quand elle va s'abattre sur une famille, les Ancêtres s'émeuvent longtemps avant qu'elle ait frappé; pendant le sommeil, ils projettent des images prophétiques dans le cerveau nerveux des Femmes; et bien que neutres le plus souvent dans la Vie spirituelle, les hommes sont parfois profondément troublés par des songes.

Il arrive quelquefois qu'un des Ancêtres apparaît aux yeux corporels.

Dans la veille, une tristesse accablante flotte dans l'air, oppresse les poitrines, étrangle la gorge, angoisse les cœurs.

Les animaux familiers eux-mêmes sentent l'approche de la Destruction; les chiens hurlent lugubrement, et l'on a vu l'émotion qui agite les Ancêtres entraîner jusqu'aux choses inanimées du Foyer qui leur est cher.

Nul œil profane n'a vu la Mort; personne ne semble appelé à mourir; et pourtant elle est proche.

Quand cette Puissance cosmogonique du *Père* veut entrer en acte, avant qu'elle n'ait suscité les causes mortelles du Trépas, la *Nature* s'émeut, l'*Éternel Féminin* s'agite; *Ionah*, la Substance cosmogonique de la Vie, frissonne sur la Terre et dans les Cieux, et les Ames des Morts courent avertir les Vivants et volent au secours de ce qui va mourir.

Cependant la Mort n'est implacable et sourde que pour les profanes et les profanateurs.

L'Initié l'appelle ou la repousse, l'arme ou la désarme, l'excite ou la combat, la déchaîne ou l'entrave.

Ces choses, en dehors des Autels, doivent demeurer voilées et n'être révélées que derrière eux.

Pourtant, par la Puissance de son amour, la Femme, image humaine de la Nature, a fait parfois frissonner ce voile noir et reculer la Mort.

J'ai vu un médecin désespéré dire à une mère : « Hélas! il faudrait un miracle! »

La mère est demeurée seule au chevet de son enfant : le miracle s'est fait.

Si vous voulez mourir, appelez la Mort.

Si vous voulez l'éloigner d'un être cher, priez de toute la puissance de votre âme.

Mais lorsque quelqu'un doit absolument succomber, lorsque l'heure fatale est venue, courage.

Veillez encore sur ce qui va s'endormir ; jamais, jamais le dévouement ne fut plus nécessaire.

Le Médecin, sentant son art vaincu, s'éloigne à tort.

Au traitement de la maladie doit succéder celui de l'agonie ; à la thérapeutique corporelle, la Psycurgie des anciens Thérapeutes.

Le Prêtre, quand il a administré ses admirables Sacrements et récité ses formules, se retire; pourtant, il reste beaucoup à faire.

A l'exorcisme administratif des sens physiques doit s'ajouter un enchantement réel de la sensibilité, une conjuration précise des Ancêtres présents.

Si le Prêtre et le Médecin, forcés de multiplier leurs services, ne peuvent disposer d'assez de temps pour les prolonger ainsi dans chaque Foyer, l'Initiation graduée des Sexes et des Ages est donc nécessaire à l'assistance du mourant comme à la religion du vivant.

Ainsi, mère ou père, femme ou mari, fille ou fils, sœur ou frère pourront donner à qui s'en va tout l'aide dont la Mort impose le besoin.

Et quand le dernier soupir est rendu, quand vous avez fermé les yeux de l'être bienaimé, ne croyez pas l'âme partie au loin, n'abandonnez pas ce cadavre à la veillée des mercenaires : jamais ce qui l'habitait n'eut plus soif de votre intelligence et faim de votre amour.

Écoutez, et puisse votre cœur tressaillir !

Celui qui veille pieusement un mort aimé, avec la Science et l'Art du Psycurgue, l'Ame du mort l'enveloppe dans ses tourbillons désespérés.

Pleine encore des pensées, des sentiments et des sensations de l'Existence physique, plus souffrante d'avoir quitté son effigie que de s'y tordre de douleur, cette âme qui, dépourvue d'initiation, se sent-brisée dans ses attaches corporelles et n'en peut trouver d'autres, s'effare, frissonne, s'élance et retombe sans initiative dans une nouvelle agonie d'épouvantements.

En vain, si elle vient des Sphères divines, son Génie céleste lui fait signe ; en vain les Ancêtres l'exhortent.

Sa clairvoyance lumineuse demeure frappée de cécité par habitude des yeux, son entendement de surdité par habitude des oreilles.

Plus, dans l'Existence, cette âme s'est enracinée à ses instincts, plus elle s'est oubliée dans sa chair, moins elle a repris science, amour et conscience de la Vie immortelle, plus aussi elle est prisonnière de son cadavre, possédée par lui et travaillée par son anéantissement et sa décomposition.

L'état des aliénés les plus désespérés ne donne qu'une faible idée de ces souffrances posthumes qui peuvent durer des siècles.

Soulevez la *Nature* de tous les battements de votre cœur, priez-*La,* priez *Dieu* près de ce cadavre, vous ne pouvez pas savoir quel bien vous faites.

Cette âme ne voit plus que la Nuit, n'entend plus que l'Inouï, ne mesure plus que l'Insondable, n'a plus qu'une pensée, qu'un sentiment, qu'une sensation : le vertige des Épouvantements.

La raison et la morale, ces deux rapports avec le milieu humain d'ici-bas, sont bouleversées en elle.

Son moi souffre alors le commencement de la Mort seconde sans pouvoir s'y engloutir ; son individualité se cherche dans ces viscères dissociés sans pouvoir s'y retrouver ; sa personne étrangère à elle-même se poursuit à travers ce cerveau et ce cœur inanimés sans pouvoir s'atteindre.

Suspendue sur l'*Horeb*, sur ce Puits dévorant de l'Abîme que rouvre l'absence du Soleil, frissonnante, ahurie, sans poumons pour crier, sans bras pour faire un geste, sans yeux pour les ouvrir et pleurer, elle veut à toutes forces se replonger dans ce cadavre qui, sauf de lugubres exceptions, lui demeure fermé comme le sera la tombe.

Elle reste vaguante dans l'horreur.

Alors le Psycurgue doit l'attirer.

S'il le fait, palpitante, elle cherche dans les ténèbres de son aveuglement, dans le silence de sa surdité.

Que cherche-t-elle ? Elle ne le sait : une épave, un point d'appui, une lumière, une voix dans sa propre tourmente.

Et tout imprégné des effluves de la Vie, le survivant l'attire peu à peu vers son cœur comme vers un foyer rayonnant, vers un asile sacré.

Frémissante, elle y vient lentement et s'y réfugie avec ivresse.

Dans cette clairvoyante et chaude syncopathie, elle puise avec avidité du courage, de la force, de la vie psycurgique.

Elle peut attendre enfin, s'accoutumer, regarder avec sa vue, écouter avec son entendement que l'usage des sens a pervertis.

Elle peut briser peu à peu les liens rationnels et moraux de ses Passions et de ses Facultés, entrevoir distinctement le monde intelligible, déployer ses Innéités engourdies depuis la Naissance, retrouver son Principe ontologique, reprendre possession de sa Volonté.

Quand elle s'est ainsi reconnue comme un ramier qui se repose avant de repartir, lorsqu'elle se sent capable d'affronter l'*Horeb* et de s'y orienter, quand elle aperçoit les âmes, les Ancêtres et le Génie ailé qui l'appelle pour descendre ou pour monter, alors, prête, elle se retourne vers l'être aimant qui la porte, la caresse de l'âme, prie pour elle, et la pleure de l'autre côté de la Vie.

Longuement, lentement, l'exilée baise ce cœur pieux et désolé, l'emplit d'une douce chaleur éthérée, d'une irradiation délicieuse, le presse d'une étreinte spiritueuse exquise, lui disant ainsi dans le Verbe ineffable des Ames et des Dieux :
« Merci ! Adieu ! Non ! au revoir en Dieu ! »

LIVRE TROISIÈME

Vérité

Eumolpées — Hymnes — Symboles

FRAGMENTS — (De 1868 à 1875)

LA TERRE

A Monsieur le Capitaine Gilbert.

LA TERRE

HYMNE

Déesse moitié sombre et moitié lumineuse,
Souveraine au front mâle et couronné de tours,
Terre, Epouse du Ciel, superbe promeneuse,
Qu'entraînent des lions aux ailes de vautours,
   Mère des Dieux, Mère des Hommes,
    Ton char soulève les atomes,
Et leur poussière d'or s'élève en tourbillons
Dans les souffles ailés de tes quatre lions.
   La Nuit, le Jour, ainsi tu passes
    Dans l'Immensité des Espaces,
Conservant à jamais dans le Cirque éthéré,
Fière, une main au sceptre et dans l'autre les rênes,
Entre mille autres sœurs, rivales souveraines,
Ton rang sous les regards de ton Epoux sacré !

Place à travers les Cieux ! Place ! place à la Terre !
Ainsi les quatre Vents vont confondant leurs voix ;
Et ton amant royal, du haut de son mystère,
T'admire, lumineuse et nocturne à la fois.
  A travers la céleste armée,
  Il te distingue, ô bien-aimée !
Il palpite d'amour, superbe, radieux,
Et ton cœur est rempli d'inextinguibles feux.
  O honte ! où fuir ses yeux sans nombre
  Qui, dans le Jour comme dans l'ombre,
Vous poursuivent partout, vous regardent toujours ?
Ton char vole ; il décrit sa course circulaire ;
Mais ton amant fait signe au Soleil qui t'éclaire,
Et des nuages d'or dérobent vos amours.

Quel Barde va chanter ces choses formidables,
Terre et Ciel ? Quelle voix, quelle lyre, quels sons
Rediront les élans de vos cœurs insondables
Et vos baisers brûlants et vos divins frissons ?
  Il est là-haut, tenant la Lyre,
  Celui qui rhythme le délire
De la Terre et du Ciel en leur embrassement
Qui fait vibrer l'Ether, leur commun Élément ;
  C'est Apollon le Dieu du Verbe,
  Drapé dans sa splendeur superbe,
Il chante, et, transportés par ses divins accords,
Les Astres flamboyants, ébranlés en cadence,
Guidés par les Saisons, formant des chœurs de danse,
Emportent en valsant les âmes et les corps.

Vive la Terre ! Mère à l'âme incandescente,
Nourrice des Héros et Déesse des forts,
C'est Elle qui partout, généreuse et puissante,
Allaite les vivants et rend la Vie aux morts.
      Nul mort n'est longtemps mort pour Elle.
      Son intelligence immortelle
Va de tout ce qui fut à tout ce qui sera,
Et tout ce qui retourne en Elle, en sortira.
      Dans son cœur, immense fournaise,
      Est le secret de la Genèse ;
Et nul ne gravira les Cieux des Immortels
Du fond des lacs de feu qui s'agitent en Elle,
S'il n'y laisse d'abord toute tache charnelle
Comme l'encens brûlant qui monte des autels.

Tu sais où sont allés les Êtres innombrables
Des Races que produit ton Maître éblouissant,
Terre ! car dans la nuit de tes flancs vénérables
Rien ne se perd, pas même une goutte de sang.
      Douce aux vertus, terrible aux crimes,
      Tu reçois bourreaux et victimes,
Et chacun d'eux, jugé par sa propre action,
Monte ou tombe emporté par son attraction.
      Ainsi tout va, depuis l'atome,
      Esprit, âme, corps et fantôme,
Suscité du Néant par ton céleste amant,
Tout s'élance à travers mille métamorphoses,
A jamais attiré vers les apothéoses
Par la Lyre qui chante au haut du Firmament.

Déesse moitié sombre et moitié lumineuse,
Souveraine au front mâle et couronné de tours,
Terre, Epouse du Ciel, superbe promeneuse
Qu'entraînent des lions aux ailes de vautours,
  Mère des Êtres et des choses,
  Reine aux empires grandioses,
Combattante invincible, immortelle aux seins d'or,
L'autel luit, l'encens brûle, il monte, il prend l'essor!
  Terre, parais! Sors des nuages!
  Ecoute, au nom du Ciel des Mages!
Aide-nous à dompter les folles passions!
Enflamme notre ardeur! exalte nos pensées!
Viens, Mère! et bénissant nos œuvres commencées,
Donne à nos volontés la force des lions!

LA NAISSANCE D'ORPHÉE

A Madame la Comtesse de Keller

LA NAISSANCE D'ORPHÉE

EUMOLPÉE

« Je naquis sur le Mont lumineux de l'Idée;
« De Science et d'Amour à jamais possédée,
« Je connus et j'aimai l'Univers et les Dieux;
« Je grandis sans effort; déployant mes deux ailes
« Dans les rayonnements des Causes éternelles,
« J'atteignais en chantant le Zénith radieux.

« Je m'élançais alors dans la bleue Étendue,
« Et, m'arrêtant soudain, interdite, éperdue,
« Jouissant, j'écoutais dans le ravissement,
« Du haut de l'Archétype adorable des choses,
« Rouler le grand concert des Soleils grandioses
« Et des Mondes nageant dans l'éblouissement.

« O vertige ! O bonheur ! Ce que ton cœur devine,
« Cet amour idéal, cette Beauté divine
« Que l'Homme n'entrevoit qu'en mourant de plaisir,
« J'y planais, j'y voguais, j'y vivais ! Fascinée,
« J'attendais ma céleste et lointaine hyménée
« Dans le frisson sacré d'un immense désir.

« Je m'ignorais moi-même et vivais pour entendre.
« Une musique intime, incorporelle, tendre,
« Se faisait d'elle-même en mon âme. O bonheur !
« Souvent, folle, dressant mes ailes sur ma tête,
« Je me laissais tomber de planète en planète
« Les yeux fermés, suant l'ambroisie et l'horreur.

« Un soir, je vis mon Dieu sur une haute cime ;
« Je l'aimai d'un amour déchirant et sublime ;
« Je le suivis longtemps du regard : il passa !
« Ses coursiers flamboyants plongèrent dans les nues,
« Et j'eus des voluptés à la chair inconnues.
« Il ne fit que passer, il me bouleversa !

« Délicieux tourments ! Vos terrestres ivresses,
« Vos contemplations, vos baisers, vos caresses,
« Vos regards enivrés suivant au sein des Airs
« Les levers, les couchers des Astres sur les Ondes,
« Rien ne peut égaler ces voluptés profondes :
« Je sentais dans mon cœur rayonner l'Univers !

« Le lendemain, le Dieu revint plus bel encore ;
« Sortant des bras rosés de la divine Aurore,
« Splendide, il s'élança sur son chemin vermeil ;
« Il me vit, il sourit, et sa tête adorée
« Se pencha vers ma bouche, et mon âme enivrée
« Sentit de l'Infini l'extatique sommeil.

« Depuis, je ne sais pas par quel fatal mystère
« J'ai descendu le Ciel pour m'éveiller sur Terre,
« Quitté l'Éternité pour gravir l'avenir :
« Tout cela me parut étrange comme un songe.
« Je me crus le jouet d'un céleste mensonge
« Dont je ne pus bannir le brûlant souvenir.

« Je parcourus les Mers, l'Atlantide, l'Asie,
« Voyage triste et long ! Mon âme fut saisie
« Par une nostalgie incurable du Ciel.
« Je connus les Titans et leurs luttes épiques,
« Sans pouvoir leur conter mes peines olympiques :
« Car l'Idéal était sans voix dans le Réel.

« Je vis Jupiter vaincre et punir Prométhée ;
« Je vis Atlas courber sa tête révoltée
« Sous l'éternel fardeau de ce qu'il ébranla ;
« Je vis l'Homme, ô funèbre et terrible aventure !
« Sortir en vagissant des flancs de la Nature ;
« J'eus peur de l'avenir, et ma frayeur parla.

« Souvent je m'arrêtais sur la Montagne sainte,
« Me sentant, par moments, comme une femme enceinte
« Agitée en dedans par un tressaillement ;
« Et, dans un crispement plein d'âpre frénésie,
« Je tordais mes cheveux qui suaient l'ambroisie,
« Et je les laissais pendre en pleurant mon amant.

« Jupiter irrité de ma mélancolie
« M'ordonna de traîner ma vie en Thessalie.
« Il fallut obéir à la Divinité.
« Je partis ; je vécus dans les forêts ombreuses,
« Montrant aux profondeurs des grottes ténébreuses
« Les reflets dévorants de l'Immortalité.

« Mon mal dura longtemps. Une immense souffrance
« Me prit en même temps qu'une immense espérance.
« Un matin, l'Èbre en pleurs me parlait par ses flots,
« La Nature s'emplit d'une plainte étouffée :
« Déesse j'étais femme, et j'enfantais Orphée
« Dans les déchirements, la joie et les sanglots !

« Je voulus l'emporter aux cimes éternelles ;
« Je bondis, mais en vain ; je n'avais plus mes ailes !
« J'ouvris ma chevelure et j'en vêtis l'enfant.
« O Mystère d'Amour ! Trinité de la Vie !
« Son doux baiser cherchait ma poitrine ravie,
« Quand son Père céleste apparut triomphant.

« Il inonda les bois d'une lumière douce,
« Vint en planant vers moi, s'étendit sur la mousse,
« Répandit sur son fils de divines beautés ;
« Puis, me montrant le Ciel, il me baisa la bouche,
« Laissant, en s'éloignant, des roses sur ma couche
« Et sa Lyre d'écaille et d'or à mes côtés. »

LE TRAVAIL

A Monsieur Charles Shasher

LE TRAVAIL

HYMNE

Au Travail, à l'Artiste, au Demiurge austère,
Au grand Fils de l'Espace et de la Volonté,
Cet hymne que compose un barde sur la Terre
      Monte à travers l'Immensité !
      Quelle Force roule, éperdue,
Toutes ces légions d'Astres dans l'Étendue ?
      Qui donc fait vibrer autour d'eux
Tout ce fourmillement de Planètes sans nombre ?
Qui donc lance à jamais la Lumière sur l'ombre
      Et l'Idéal sur le hideux ?

Quel est-il le géant, dont l'effrayante étreinte
Pétrit, taille, polit la Matière en tous lieux ?
A qui les doigts divins dont vous portez l'empreinte,
      O Terre énorme ! ô vastes Cieux ?

Qui vous lance autour de vos pôles ?
Et ce Zodiac semblable aux saintes auréoles,
Qui donc, comme avec une main,
Le tient, pendant qu'en lui naît, meurt, renaît, s'écroule,
Vit, revit et progresse et chante et crie et roule
Le Monde avec son Genre Humain ?

Et dans les gouffres noirs des creusets sublunaires,
Qui donc garde allumé le grand Feu souterrain ?
Qui forge nuit et jour ces Éclairs, ces Tonnerres
Dont tout à coup la voix d'airain
Embouche sur nous ses trompettes ?
Qui donc ameute et chasse à la fois les Tempêtes ?
Qui donc, dans ses grands horizons,
Lève et baisse à la fois, lumineuse ou voilée,
L'immense Mer, et fait mouvoir, toute étoilée,
La roue énorme des Saisons ?

C'est le Travail ! Aidé par les Forces superbes,
Il lutte nuit et jour et partout à la fois.
Le Soleil dans les Cieux, l'insecte dans les herbes,
Tout ce qui vit subit ses lois.
Mais c'est surtout le cœur de l'Homme
Que le divin Travail hante comme un fantôme ;
Il écoute ses battements,
Et quand, chaque matin, l'Aube vient qui rallume
Le champ où luit le Jour, la forge où luit l'enclume,
Le Dieu rit dans les Firmaments.

LE TRAVAIL

Invisible, il se plaît à visiter les villes
Et leurs mille ateliers où pierre, bois et fer,
Or, argent, cuivre, plomb, pris par des mains habiles,
    Au sein d'un tumulte d'enfer
    Subissent la pensée humaine.
Il est heureux, le Dieu ! Parcourant son domaine,
    Il dit : C'est bien ! Il bat des mains !
Et, sur l'humble ouvrier déposant sa couronne,
Il enjambe la Nue et s'assied sur son trône,
    En chantant des airs surhumains.

Gloire à Lui ! C'est le Dieu des guerriers pacifiques !
C'est le libérateur agissant, c'est un Christ !
Tout travailleur concourt à ses plans magnifiques,
    Et rayonne de son esprit !
    Arrière à toute âme abattue
Qui prend pour idéal une inerte statue !
    Déclouez vos Dieux de leurs croix !
Hommes et Dieux, debout ! il faut lutter quand même ;
« C'est la Foi, c'est la Loi, c'est le Devoir suprême,
    Et c'est le plus fier de nos Droits !

LES

ORIGINES NATURELLES DE L'HOMME

A Monsieur le Docteur Favre

LES

ORIGINES NATURELLES DE L'HOMME

EUMOLPÉE

Déesse, viens ! Chantons les Hommes ! Il est temps
Que l'héritier mortel des Dieux et des Titans,
Levant la tête au bruit des musiques divines,
Marche vers l'avenir sachant ses origines.
Les Hommes primitifs, les Aïeux des Anciens
N'étaient pas ce qu'ont dit les Juifs et les Chrétiens,
Faute d'avoir compris Jésus-Christ et Moïse.
Ces Pères des chercheurs de la Terre promise,
Ces Ancêtres sacrés, derniers enfantements
D'une Terre farouche où tous les Éléments,
Sans cesse générant, étaient sans cesse en guerre,
N'habitaient point l'Eden et ne s'en doutaient guère ;
Sauvages, nus, muets, en proie à tous les maux,
Ils erraient confondus parmi les Animaux.

Leur destin était triste : en cette époque sombre,
Nulle ville, nul mur ne projetait son ombre
Sur la Terre. Les Monts, les Nuages, les Bois
S'élevaient seuls, remplis de cris, mais non de voix.
D'innombrables forêts mille fois centenaires
N'avaient à redouter que les coups des tonnerres ;
Et, dans leurs profondeurs où les Bêtes couraient,
Les fougères vivaient, et les Peuples mouraient !
En ces siècles, la Terre appartenait aux Plantes ;
Elle était effroyable, et ses séves brûlantes,
Recevant de là-haut les germes, s'élançaient
En générations d'arbres qui frémissaient.
Pleines de sifflements, de cris et de huées,
Ses respirations emplissaient les Nuées
De déluges allant au gré des Vents errants
Se prendre sur les Monts aux rouets des Torrents.
Les Saisons dévidaient, lentement, ces nuages
En fleuves que buvaient mille animaux sauvages,
Et qu'engouffrait enfin, plus puissant qu'aujourd'hui,
Le farouche Océan de Lumière ébloui.
La Vie était encore immesurée et fauve.
Les mégatheriums, les dragons au col chauve,
Mille monstres sans nom dont le corps de serpent
Sortant des lacs profonds, couvrait presque un arpent,
Les aurochs hérissés, les mammouths taciturnes
Près desquels les lions, dans leurs rondes nocturnes,
Tremblaient comme aujourd'hui les chiens près des lions,
Des oiseaux dont le vol créait des tourbillons,
Dont les ailes frappaient, ainsi que des tourmentes,
Les Nuages du Ciel ou les Eaux écumantes.

(Car, rois des Éléments, selon qu'ils le voulaient,
Ils marchaient, ils couraient, plongeaient, nageaient, volaient.
Puissants, heureux, paissaient la Vie à pleines gueules,
Et leurs dents travaillaient, grinçant comme des meules.
Tels étaient les seigneurs de la Terre d'alors.
Au-dessous d'eux, rampants, les grands alligators,
Les boas diaprés, les gluants crocodiles
Régnaient sur les Marais, les Fleuves et les Iles.
Derrière les mammouths, ainsi que des enfants,
A l'ombre des grands bois, venaient les éléphants;
Puis les lions, plus loin les tigres solitaires,
Et le peuple grognant des ours et des panthères.
Or tout cela grouillant dans la Nuit, dans le Jour,
Rugissait, dévorait, rôdait, faisait l'amour,
Et jouissait, humant l'air à pleines poitrines,
Du bienfait de la Terre aux effluves marines.
La Nature n'avait pas encore effacé
Ces grands linéaments de son obscur passé;
Elle laissait encor dans ses plans insondables
Les monstruosités, ébauches formidables,
Subsister; et, pendant des mille et des mille ans,
Le Soleil parcourut les Cieux étincelants
Et vit, dans les replis des forêts inquiètes,
Ce spectacle effrayant de l'Homme en proie aux Bêtes.

Muse, pour dessiller les Hommes aveuglés,
Dis-nous ce que faisaient en ces temps reculés
Les sauvages Mortels.
                    En ce temps-là, les Hommes
N'étaient pas, de bien loin, ce qu'aujourd'hui nous sommes;

Ils n'avaient point de Lois ni de Société,
Asservis sans défense à la Nécessité,
Ils vivaient tous au jour le jour, cherchant leurs vies,
Rassasiant leur faim, leur soif et leurs envies,
Mendiant quelques fruits acerbes, quelques glands
Qu'ils dévoraient en hâte, inquiets et tremblants :
Car l'Animalité, comme une armée en armes,
Les assiégeait partout de mortelles alarmes.
A l'aurore, ils quittaient les antres, leurs abris,
Et se parlant entre eux par signes et par cris,
En désordre, accouplés au hasard, hors des ombres,
Ils sortaient nus, sans arme, à travers les bois sombres,
Écartant les rameaux partout multipliés ;
Car ils ne marchaient pas par des chemins frayés !
Dans les Bois, près des Mers, près des Fleuves superbes,
Tels erraient nos Aïeux, au sein des hautes herbes,
Tels, traînant derrière eux leurs petits qui pleuraient,
Parmi les Animaux féroces, ils erraient ;
Et les femmes parfois, dans ces courses rapides,
Regardaient vers le Ciel avec des yeux stupides.
Ces sauvages étaient sans refuge certain :
Les antres ténébreux qu'ils quittaient le matin,
Étaient le soir remplis par des hôtes terribles,
Et les ombres saignaient en carnages horribles ;
Et le silence auguste et constellé des Nuits
Se hérissait soudain d'épouvantables bruits.
O Terre ! Mère grande ! O Seigneur ! O Nature !
Que de Clans impleurés n'ont eu pour sépulture
Que des tombeaux vivants, ours, tigres et lions !
Ce n'est pas par milliers, non ! c'est par millions

Qu'il faudrait dénombrer toutes ces hécatombes !
Car l'Homme, en ces temps-là, ne creusait pas de tombes ;
Ses mains n'élevaient pas de croix ni de bûchers ;
Et, parfois, au détour d'un bois, sur les rochers,
Il voyait les rayons des Lunes diaphanes
Tirer des os blanchis l'ombre humaine des Mânes.
(L'Eden ne fut jamais qu'un rêve, un souvenir
Dont la réalité vous rit dans l'avenir.)
Ce n'est pas tout, hélas ! En ce temps-là, les choses
N'avaient point l'équilibre et l'ordre grandioses
Qu'elles ont aujourd'hui. — Les Éléments fougueux,
Ivres du Grand Esprit qui se jouait sur eux,
Opposaient aux Saisons, encore mal définies,
Des fureurs qui troublaient les grandes Harmonies.
Le Feu central du Globe éclatait par moments
Prêt à cracher la Terre au front des Firmaments.
Comme un robuste athlète, alors qu'on le terrasse,
Soulève encor des reins le vainqueur qui l'embrasse,
Le Feu captif du Monde, en ses efforts puissants,
Faisait craquer le Pôle et les Monts frémissants ;
Les Pôles secouaient leurs tiares de glace
Dans les Mers qui changeaient d'équilibre et de place,
Surprises que leur lit, en ces temps de malheurs,
Eût des flots de granit mouvants comme les leurs.
Là, des volcans s'ouvraient, et leur rouge cratère
Illuminait le Ciel, incendiait la Terre,
Et le sang enflammé du Globe jaillissait
Comme pour étouffer la Race qui naissait.
Ces bouleversements atteignaient l'Atmosphère.
Les Vents tumultueux portaient, d'un Hémisphère

A l'autre, des vapeurs et des gaz sulfureux
D'où tombaient lourdement des ouragans affreux,
Avec trombes et pluie, avec grêles et pierres,
Où brillaient des éclairs, où tonnaient des tonnerres !
Et longtemps le Soleil, du haut des Firmaments,
Fut le témoin de l'Homme en proie aux Eléments.

L'AMOUR

A ***

L'AMOUR

HYMNE

Éphémère éternel, enfant de la Parfaite,
Tu fais de l'Univers une adorable fête,
      Amour, papillon-roi !
Les Déesses, les Dieux, les Hommes et les Femmes,
Les Faunes, les Démons, embrasés par tes flammes,
      Chantent en chœur ta loi !

Resplendissant, vêtu de la Grâce première,
Souriant dans l'Ether, jouant dans la Lumière
      Avec les Astres d'or,
Transperçant les Soleils, les Ames et les roses,
Tu fuis, enamourant les Êtres et les choses
      Sous ton magique essor !

Nourri par les Saisons, abreuvé par les Muses,
D'Astre en Astre, de Monde en Monde, tu t'amuses,
  O Maître-ès-jeux charmants!
Et partout, messager de ta Mère ravie,
Tu mets dans un baiser le secret de la Vie,
  L'Ame des Eléments!

Par toi tout naît, tout est! Jeune athlète invincible,
Jadis, bandant ton arc d'azur, tu pris pour cible
  L'antique et noir Chaos,
Tes flèches d'or trouaient sa face comme un voile;
Et, par chaque blessure, il pleurait une étoile
  Et s'écriait : « Eros! »

O dompteur des Géants et des monstres sans nombre,
Enfant vainqueur des Dieux, que les Astres dans l'ombre
  Suivent en tourbillon,
Comment donc se fait-il qu'une faible mortelle
Avec son éventail te repousse loin d'elle,
  Comme un vil papillon?

Cette cruelle femme au regard de déesse
A jeté dans mon sein le trouble, la tristesse,
  Et feint de l'ignorer.
Je souffre et me consume en une attente vaine,
Usant mes tristes jours à combattre ma peine,
  Mes nuits à la pleurer!

Insensible à des maux qu'elle ne peut comprendre,
Elle a pris mon bonheur et ne sait me le rendre,
>> Faute d'avoir aimé ;
Son innocence oppose à mon ardeur timide
L'égide de Pallas, la cuirasse d'Armide,
>> Un cœur inanimé !

Souffriras-tu longtemps cette insulte à ta gloire,
Amour, cruel et doux Amour que la Victoire
>> Accompagne en tous lieux ?
Ah ! viens ! Trop d'innocence accuse ta faiblesse !
Vise son sein du trait enivrant qui me blesse,
>> Mets mes pleurs dans ses yeux !

Qu'elle vive, qu'elle aime ! Ah ! que sa voix m'appelle !
Descends du haut des Cieux ; viens ; glisse-toi près d'elle
>> Invisible, éthéré,
Et soudain, frappe-la, comme une jeune abeille
Qui plongerait au fond d'une rose vermeille
>> Son aiguillon doré !

Viens, Dieu, viens ! Dans ce point du Temps et de l'Espace,
Entends cet hymne ailé ! De cet astre qui passe,
>> De ce globe habité,
Un flot d'encens portant mon ardente prière
Monte, et va te chercher dans les bras de ta Mère,
>> O Fils de la Beauté !

LES ORIGINES SOCIALES

A Monsieur le Baron de Saint-Amant

LES ORIGINES SOCIALES

EUMOLPÉE

Comment l'Homme d'abord sauvage sur la Terre
Est-il sorti vainqueur du monde élémentaire ?
Comment a-t-il saisi le sceptre, et terrassé
Le fantôme effrayant de son propre passé ?
Comment de son pouvoir a-t-il pris conscience ?
Comment a-t-il connu l'Art, comment la Science
S'est-elle révélée à lui dans sa beauté,
Comment ? Par sa nature et par sa volonté.
Le germe aveugle et sourd qui sous terre sommeille,
Cherche dans ses efforts la Lumière vermeille ;
Il hésite longtemps ; mais le Jour irisé
Travaille incessamment son cœur polarisé.
Lentement il s'éveille à cet appel céleste,
Car, pour que sa vertu sourde et se manifeste,

Pour qu'il fende le sol et fouille le Ciel bleu,
Il faut qu'évertué dans son obscur milieu,
Il s'entraîne en sa force et qu'il la développe
Sous les accablements de ce qui l'enveloppe.
Puis de ce faible germe un arbre géant sort.
Tel fut le Genre Humain; graine informe d'abord,
Il tomba sur ce globe, où la triple Nature
Semblait l'avoir semé pour servir de pâture
Aux Éléments, aux noirs Destins, aux Animaux.
Il portait en lui-même un remède à ces maux :
La Volonté germait dans la nuit de son âme.
Qui l'éveilla ? L'Amour de l'Homme pour la Femme.
Du jour où travaillé d'instinctifs appétits,
L'Homme connut la Femme et lui fit des petits,
Il s'entrevit lui-même, et son âme obsédée
Conçut de sa faiblesse une première idée.
Cette conception fut le point de départ
De sa force. — Du jour où, pâle, l'œil hagard,
Emouvant dans son sein les sources de sa vie,
Il vit venir vers lui sa femelle suivie
Par un lion tenant entre ses crocs sanglants
Le petit qu'elle avait eu neuf mois dans ses flancs;
Quand, marchant droit au monstre, il le prit à la gueule,
Et qu'en son désespoir, elle, sans force, seule,
Tremblante, comprenant que son sauvage amant
Allait périr, s'enfuit, et revient brusquement
Avec un autre mâle auquel dans sa prière
Elle enseigna du geste à saisir une pierre;
Quand ce lion tomba sous deux hommes unis,
Quelque chose s'émut dans les Cieux infinis

Et cria par les champs de l'impalpable Idée,
Que la Société venait d'être fondée !

Or, ceci se passait sur cent points différents,
Les faibles près des forts, les petits près des grands,
Les femelles cherchant leur salut dans les mâles ;
Partout l'assaut sanglant des races animales
Eveilla les Mortels et leur fit découvrir,
Qu'unis ils étaient moins exposés à périr.
Ainsi la Volonté somnolente naguère
S'éveille par l'Amour, et, par lui, s'arme en guerre.
Les antres désormais seront environnés
De cailloux, de bâtons, de fémurs décharnés,
Ramassés et brandis par des bras redoutables.
Les Animaux, poussant des cris épouvantables,
Se sentiront bravés pour la première fois
Par un être aux cent bras qui rugit par cent voix.
De même que la Foudre assemble les Nuages
Et de leurs vains flocons fait d'effrayants orages,
Ainsi la Volonté de vivre, en unissant
Les Mortels, en fabrique un colosse puissant
Dont l'Instinct collectif rayonnant dans l'Espace,
Tient l'Animalité rugissante et rapace
En arrêt. La première et seule ambition
De ces Sauvages fut leur conservation.

Ainsi, quand par troupeaux semblables aux Nuées,
Les chevaux du Désert, crinières dénouées,
Passent, et dans les Vents, par leur fougue emportés,
S'agitent sur le Globe en galops indomptés,

Si quelque panthère âpre, à la robe tigrée,
Apparaît rugissante, et de sang altérée,
Les coursiers effrénés s'arrêtent brusquement,
Et l'Espace s'emplit d'un long hennissement.
Un grand cercle est décrit : les femelles au centre
Se groupent abritant les poulains sous leur ventre ;
Puis autour, côte à côte et la tête en dedans,
Guettant la bête, prêts à lui casser les dents,
Les étalons guerriers, le cœur gros de colère,
Forment à leurs amours un rempart circulaire.

LES ANCÊTRES

A Madame la Comtesse A. de Maugny

LES ANCÊTRES

HYMNE

Aux Héros, aux Forts, aux Dompteurs,
Aux Hyperboréens fameux des anciens Ages !
Nus, la massue au poing, ils furent les acteurs
    Du drame des Cycles sauvages.
Vous, Peuples d'aujourd'hui, qui régnez maintenant
Sur l'Europe, pareils à Dieu-les-Dieux tonnant,
    Révérez ces rudes Ancêtres
Ou craignez les appels des jugements derniers :
Ce sont vos bienfaiteurs, ces vaillants boucanniers,
    Ils sont chers à l'Être des Êtres.

    Ils descendent parfois des Airs
Vous regarder du haut du palais des Nuées,
Et leurs âmes de feu s'exhalent en éclairs,
    Se voyant par vous oubliées.

Les tremblements de terre aux sourds mugissements,
Les pyrites tombant du haut des Firmaments,
    Les Volcans crachant des Tonnerres,
Les pestes que soulève un geste de leurs bras
S'arrêteraient soudain, si vous n'étiez ingrats
    Pour ces hôtes des Monts lunaires.

    Lorsque le Culte Universel
Tiendra tous les anneaux de la chaîne des Ames,
Leurs menhirs auront droit aux hymnes chers au Ciel,
    Leur mémoire, aux doux chants des femmes.
Ce sont eux, ces Héros, qui, la première fois,
Façonnèrent les arcs, les flèches, les carquois,
    Les lacets, les silex, la fronde;
Qui prirent les chevaux sauvages par les crins,
Et sautant, bondissant, tombèrent sur leurs reins
    Pour commencer la grande ronde.

    Les Clans celtiques les voyant,
Du Carnac de l'Égypte au Carnac de Bretagne,
Fiers Centaures, courir landes, forêts, criant
    Dans la plaine et sur la montagne,
Frappant, fauves éclairs, terribles tourbillons,
L'auroch, les loups, les ours, les tigres, les lions,
    Comprirent qu'on sauvait leur vie,
Et s'appelant du fond des grottes où tremblaient
Les femelles, les vieux, les petits, ils hurlaient,
    Ils gambadaient, horde ravie!

Ils durent tout à ces Héros :
Leurs troupeaux de chevaux, de rennes et de chèvres,
Le dévouement des chiens, la force des taureaux,
    La vache et son lait doux aux lèvres,
Les moutons, nourriture et vêtement des Clans,
L'alliance des Bois avec l'Homme, les glands,
    Les pirogues, les peaux, les plantes,
Le savoir des poissons, des oiseaux, les leçons
De l'Espace, du Temps, de l'Air et des Saisons
    Et des Étoiles vigilantes.

    En eux et par eux se fonda
Sur deux vertus des Forts, confiance, courage,
La Noblesse du Droit célébré par l'Edda,
    Leur Volonté dompta l'orage
Du terrestre Destin prêt à tout dévorer :
La Providence alors vint d'un souffle inspirer
    Les premières Lois de naguère.
Ces Héros, en sauvant les Générations,
Assuraient l'avenir lointain des Nations :
    Le Travail dut servir la Guerre.

Le Moins dut se soumettre au Plus.
Tous les Clans préservés, leur devant l'Existence,
Coururent apporter aux Géants chevelus
    La dîme de la Subsistance.
Ce Droit, étant réel, ne fut jamais écrit,
Mais, longtemps, fut vécu dans un commun esprit.

Temps heureux, âge d'innocence
Où les Mœurs et la Loi, d'accord avec la Foi,
Dans le plus bienfaisant cherchaient d'instinct le Roi
    Et dans le bienfait la Puissance!

    Or, quand l'un de ces Chefs mourait,
Tous ses vassaux pleurant le pire des désastres,
Dressaient sur son sépulcre un roc de leur forêt,
    Et poussaient des cris vers les Astres!
« Notre meilleur est mort! » disaient-ils « Cieux jaloux,
« Qui nous délivrera des lions et des loups,
    « Des tigres et de la panthère!
« Enterrons avec lui l'arme de ses combats!
« Qui pourrait, après lui, la brandir ici-bas?
    « Qui donc l'oserait, sur la Terre? »

    « Tu les emporteras parmi
« Les Chefs supérieurs de la Vie inconnue,
« Tes armes; tu seras notre céleste ami;
    « Tu nous défendras dans la Nue!
« Prends aussi ton cheval et tes chiens : dans les bois,
« Quand le Ciel tonnera, nous entendrons leurs voix
    « Courir sur la Tempête sombre
« Et chasser loin de nous son dragon enflammé.
« Adieu, puisqu'il le faut, Chef, monte au Ciel, armé;
    « Brille, ami : nous pleurons dans l'ombre! »

    Gloire à vous, rudes fondateurs
De l'État-Social des premiers Clans celtiques!

A vous cet hymne aîlé ! Qu'il gagne les hauteurs
      Où brillent vos vertus antiques !
A vous, Aïeux des Blancs, au bord de l'Océan,
Retrouvant dans mon cœur la harpe d'Ossian.
      Et le souffle de vos poètes ;
Dans le bruit des vents d'Ouest, dans les feux du Couchant,
Près d'un dolmen pieux, je consacre ce chant
      Qu'emporte le chœur des mouettes !

ANTÉROS

A Monsieur le duc Decazes

ANTÉROS

EUMOLPÉE

L'Océan, sous les coups du Vent qui le soufflette,
Ne s'abaisse un moment que pour mieux s'élancer ;
Il répond au défi qu'on vient de lui lancer
Par un bond qui du Globe ébranle le squelette.

A l'Autan qui le fouette, il donne coup pour coup ;
Sur l'Éclair qui le pique avec sa rouge épée,
Le Dieu glauque rugit sa terrible épopée,
Ouvre sa bouche énorme, et crache tout à coup.

Au Firmament fronçant son sourcil de nuages,
Il montre son rictus verdâtre, et, furieux,
Au Tonnerre roulant lourd dans les sombres Cieux,
Il oppose le bruit des orgues de ses rages.

C'est que les Éléments ont de profonds dedans,
C'est qu'ils cèdent aux Lois que fuit la Race humaine,
C'est que le vieux Kosmos rendant haine pour haine
Leur dit par Antéros : œil pour œil, dent pour dent.

Tout hait dans l'Univers, et la Haine éternelle
Est divine aussi bien que l'éternel Amour.
Le Nord hait le Midi ; l'âpre Nuit hait le Jour ;
Le Néant hait la Vie et met la Mort en elle.

La Paix n'est nulle part. Dans le Ciel, ici-bas,
Aujourd'hui comme hier, demain comme naguère,
De l'Astre aux Éléments la Vie est une guerre,
Et le dernier atome est un champ de combats.

Tous les Êtres sont pleins de bouillantes colères :
L'invisible Volvoce en veut aux Vibrions,
Le Tigre du Bengale en veut aux fiers Lions
Et la Comète errante aux Systèmes Solaires.

La Laideur monstrueuse en veut à la Beauté,
La Matière à l'Esprit qui d'en haut l'illumine ;
Le Torrent qui s'écroule au Mont géant qu'il mine ;
L'Homme éphémère en veut à la Divinité.

Tout hait et tout combat. Les Insectes dans l'herbe,
Les Plantes dans les champs, les Fauves sur les monts,
Les Esprits dans le Ciel, dans l'Enfer les Démons,
Tout s'étreint, se déchire, et dit haine en son verbe.

Près d'Astarté couvrant les Générations
Du nimbe éblouissant de ses splendeurs parfaites,
Le Sage voit rôder dans les divines fêtes
Astaroth, noir démon de leurs destructions.

Cet éternel combat, cette infernale envie
Qui d'Astre en Astre émeut du Levant au Couchant
L'Universalité des Êtres se cherchant,
Vient d'Antéros, le Dieu des luttes pour la Vie.

Le Serpent naît armé de crocs et de poisons,
L'Étalon de ses pieds, le Taureau de ses cornes;
Les Fauves ont leurs dents que l'Espace sans bornes
Entend grincer sans cesse au fond des Horizons.

Les Aigles, les Vautours, les Condors ont leurs serres,
Les Requins dans les Mers ont leurs gueules d'acier,
La Terre et ses Volcans, et l'on entend crier
La colère des Dieux à travers les Tonnerres.

Pourquoi donc s'étonner si partout, si toujours
Clans, Tribus, Nations, sur cette vieille Terre,
Ont payé cette dîme à l'Ordre élémentaire
Qui du sang de la Nuit fait la clerté des Jours.

Pourquoi donc s'étonner que, depuis les Sauvages
Heurtant des tomohawks dans le fond des forêts
Jusqu'aux Civilisés tatoués de progrès,
L'Homme ensanglante aussi le grand cirque des Ages ?

Je serais effrayé qu'il en fût autrement,
Que l'on bût sans effort, que l'on mangeât sans peine,
Que l'Amour s'allumât sans enflammer la Haine,
Et que le mouvement eût lieu sans frottement.

L'Homme n'a droit à rien; il pouvait ne pas être;
Mais lorsque il émergea des cercles du Chaos,
Quand une âme de Vie eut remué ses os,
Il dut montrer le poing au noir Destin, son Maître.

Chaque pas, chaque geste en fit un conquérant.
Le Droit qu'il n'avait pas il le prit à la Force,
Violant l'arbre en paix dans son rempart d'écorce
Pour assommer le Tigre et le Loup dévorant.

Du Ciel qui lui cachait ses éternels mystères,
Il commença l'assaut rien qu'en l'interrogeant;
Il saisit les coursiers de la Lune d'argent
Et ceux du Soleil d'or, amant brûlant des Terres.

Il trouva le Langage, il prit aux Cieux jaloux
Pied à pied, corps à corps, les Arts et les Sciences,
Et la guerre allumée au fond des consciences
Crie aux autels : qui vive ? Aux faux Dieux : garde à vous !

Est-ce un mal, est-ce un bien que cette immense lutte ?
C'est un bien. Oui ! Luttants, nous ne devons qu'à nous !
On marche sur les pieds et non sur les genoux ;
La Vie est une course et non pas une chute.

Tout est aux Forts. La Force et le Vrai mis à nu.
Hommes ou Nations, il faut battre, ou s'abattre,
Et toujours et sans cesse, armés, prêts à combattre,
Avoir ses feux de nuit éclairant l'Inconnu !

LA LIBERTÉ

A Monsieur Hector Pessard

LA LIBERTÉ

HYMNE

O toi dont le front chaste et couronné d'Étoiles,
   Vierge aux yeux flamboyants !
Toi que le Sage seul peut contempler sans voiles,
Titanide au grand cœur, Déesse aux bras vaillants !
Toi qu'appellent d'en bas les Peuples en souffrance,
Libératrice ailée, espoir de notre France
   Et de l'Humanité !
Déesse du triomphe et des apothéoses,
Je t'invoque ! Salut ! Mère des grandes choses,
   Divine Liberté !

Heureux sont les pays que tu chéris, ô Reine !
   Sur tes pas adorés
On voit jaillir du sol, à ta voix souveraine,
Des Héros immortels et des Bardes sacrés.

Un souffle universel de force et d'harmonie
Enflamme la Valeur, féconde le Génie,
   Anime la Beauté ;
L'Art crée en se jouant, la Science édifie,
Et la Société chante et te glorifie,
   Divine Liberté !

C'est toi qui fis jadis d'Athènes, de la Grèce,
   Ce Paradis réel,
Ce pays de soleil, de gloire et d'allégresse
Où les Hommes marchaient parmi les Dieux du Ciel.
C'est toi qui lui versas le miel et l'ambroisie
Et cette force mâle et cette poésie
   Dont le Monde est dompté ;
Et nous, ses fils, errant dans l'ombre expiatoire,
Nous te voyons sourire à travers son histoire,
   Divine Liberté !

C'est toi qu'ils adoraient, ces demi-Dieux d'Athènes
   En leur blanc Parthénon,
Et tu leur répondais, quand le grand Démosthènes
Arrêtait une armée au seul bruit de ton nom !
Ce pays merveilleux de grâce et d'équilibre
Cessa de vivre, dès qu'il cessa d'être libre,
   Et tout fut emporté !
Sa chute fut égale à sa magnificence ;
Mais son désastre même atteste ta puissance,
   Divine Liberté !

L'AUTORITÉ

A la Mémoire de Fabre d'Olivet

L'AUTORITÉ.

SYMBOLE

Les Monts sacrés sont les premiers
A sentir sur leurs blancs cimiers
Les lèvres roses de l'Aurore,
A leurs pieds, sommeillant encore,
Les Lacs, les Forêts, les Torrents
Rêvent sous les Brouillards errants;
Et la Nuit dans les plaines sombres
Trône sur le chaos des ombres.

Le Génie âpre des glaciers
Crie au loin ; « Je vois les coursiers
« Du brûlant quadrige solaire!
« Alerte! Un jour nouveau m'éclaire!

« Dissipez-vous, brouillards fumants !
« Bondissez, Êtres, Éléments !
« A l'œuvre, Homme ! Ouvrez-vous, prunelles !
« Voix chantez ! Élancez-vous, ailes ! »

Les Lacs répondent : « Imposteur ! »
Les Forêts murmurent : « Menteur ! »
« Tais-toi, » dit, l'écume à la bouche,
La langue du Torrent farouche !
Et le Brouillard hurle à la Nuit :
« Que nous veut-il ? Pourquoi ce bruit ? »
Et la Nuit ouvrant ses yeux vagues
Crie : « Assez, rêveur ; tu divagues ! »

Pourtant, invincible, vermeil,
Paraît l'arc brûlant du Soleil ;
L'Éther vibre, ondoie, électrique,
Et dans un assaut féerique,
De cime en cime, les Clartés
Chargent l'Ombre de tous côtés.
L'Astre émerge, aveuglant, immense ;
La Nuit se meurt, le Jour commence !

Ainsi les fronts les plus puissants
Sont les premiers resplendissants,
Quand l'Esprit d'où naît la Lumière
S'ouvre en l'Homme une nouvelle Ère.
C'est en eux que l'Autorité
Réside avec la Vérité :

Ils sont les Grands-Prêtres des Prêtres,
Ils sont les Commandeurs des Maîtres;

Ils savent ce qui va finir,
Ces Rois-Mages de l'avenir;
Morts ou vifs, ils sont la semence
Du Monde nouveau qui commence.
Dieu les suit sur son char de feu :
Craignez-les, si vous craignez Dieu,
Aimez-les si vous voulez vivre,
Car pour renaître il faut les suivre.

Donc, roulez sur vos grands essieux;
Devant le Soleil, dans les Cieux,
O Monts, entraînons les vallées
Dans les ondes renouvelées
De l'Esprit et du Jour vainqueurs!
Donc haut les têtes, haut les cœurs!
Nuit de l'erreur, linceul bizarre,
Lâche l'Homme! Debout Lazare!

LA GUERRE

A Monsieur Georges Derrien

LA GUERRE

SYMBOLE

La Guerre! Tout se tait; le Monde entier regarde.
Dans les Cieux, les Destins sur la Lune accoudés
Se désignent la Terre, et leur troupe hagarde
Sur son disque sanglant lancent de sombres dés.

Au-dessous, les Héros, les Géants des vieux âges,
Les Celtil, les Rolland, les vainqueurs du Thabor,
Dans les torrents d'argent qui percent les nuages,
Descendent aux appels d'un invisible cor.

Guerre! guerre! La France est en guerre! Et l'Espace,
Au-dessus de ce sombre et mugissant Paris,
Derrière ce troupeau de nuages qui passe,
Entend bruire en lui le peuple des Esprits.

Les Druides auprès des Chevaliers du Verbe,
Les chefs de Clans frôlant le manteau des vieux Rois,
Jeanne d'Arc près de qui la Velléda superbe
Unit le gui de chêne au bois mort de la Croix,

Tous, confondant leur âme en ce seul cri : Patrie !
Du fond de l'Invisible évoqués en tous sens,
Répondent à la voix de la Gaule qui crie
Un chant sacré qui tombe en nos cœurs frémissants.

Immortels, ils sont là, dans la Nue électrique,
Fouettant à coups d'éclairs leurs coursiers de vapeur,
Et semblables aux Dieux de l'Olympe homérique,
Ils tremblent pour leurs fils, eux qui mouraient sans peur.

Plus haut, bien au dessus de l'Espace visible,
Némésis formidable, immense, au fond des Cieux
Se dresse, et, du Zénith, prenant le Rhin pour cible,
L'illumine soudain d'un éclair de ses yeux.

Or, sur Terre, descend du Pôle âpre, masquée,
Sur son grand char de fer plein de crânes humains,
Excitant ses Lions ailés, géante arquée,
La Guerre, près de qui la Mort frotte ses mains.

L'ALPE

A Monsieur le Docteur Quarante

L'ALPE

SYMBOLE

De l'Alpe de l'Esprit humain,
Enfant, j'ai pris l'âpre chemin ;
N'ayant pour tout bien qu'un Homère,
J'ai quitté mon père et ma mère
Pour aller gravir les hauts lieux
Où l'Homme habite avec les Dieux ;
Je voulais la grande Patrie,
Celle vers qui toute âme crie.

Bien des spectres m'ont arrêté ;
Mais, sondant leur inanité,
Je passai, poursuivant ma route ;
De tous les fantômes du doute

J'écoutai le jargon savant ;
Mais, un Esprit me soulevant,
Je repris le sentier des cimes,
Laissant gromeler les abîmes.

Long voyage : il dura dix ans.
Eteignant la fièvre des sens
Dans l'onde des sources sacrées,
De mes passions épurées
Je guidais les troupeaux errants
Loin des gouffres et des torrents,
Plus haut, vers les pics grandioses,
En leur chantant d'étranges choses.

« O mes désirs, mes passions !
« Plus haut ! Montez dans les rayons !
« Paissez les fleurs immaculées !
« Buvez les sources étoilées !
« Vers les Astres ! plus haut ! toujours !
« Afin qu'aux termes de nos jours
« Nous n'errions pas dans la gehenne
« Des gouffres dont la Mort est pleine !

Et je poursuivais mon essor
Disant toujours : Excelsior !
M'enivrant d'une immense étude,
Envahissant la solitude
Des grands Mystères éternels,
J'y gravissais tous les autels,

Tous les gradins sacrés du Verbe
Qu'a descendus l'Esprit superbe.

Vérité, Sagesse, Vertu,
J'ai bien souffert, j'ai combattu
Par delà les forces humaines;
Plus je gravissais vos domaines,
Plus les épreuves redoublaient.
Les Dieux, me voulant, m'accablaient :
Je subissais leur poids terrible,
Et leurs mains me passaient au crible !

Faim et soif, désillusions,
Vertige, désolations,
Sombres et brusques avalanches
Broyant mes jours et mes nuits blanches,
M'écrasant sous leur choc vainqueur,
J'ai connu tout ce que le cœur
Tout ce que la pensée avide
Peuvent souffrir, pleins, dans le Vide.

Dans ces régions, l'Homme est seul;
Mort au Monde, il traîne un linceul,
Et nul ne sait ce qu'il endure.
Toute âme pour lui se fait dure;
Ignorant ce qu'il va chercher,
Toute chair lui devient rocher;
Toute vie a peur et se sauve,
En hurlant à la bête fauve.

C'est la Loi ; mais qu'ils sachent bien
Que, vainqueur, on ne leur doit rien ;
Et pourtant, alors, on pardonne ;
Ce qu'on à conquis, on le donne ;
On leur rend, en brisant leur fers,
Bien pour Mal et Cieux pour Enfers,
Réalités pour affreux songes,
Gloire et Vérité pour mensonges.

Mais il est étroit le sentier ;
Puis il cesse. Le Mont altier
Surplombe avec ses dents de pierre ;
Le Ciel s'enfuit de la paupière,
L'air des poumons ; l'Homme éperdu
Appelle ; il n'est plus entendu !
C'est le sépulcre ?... non ! c'est l'aire
D'où va bondir l'Ame Solaire !

LA VICTOIRE APTÈRE

A Monsieur L. Bouchard

LA VICTOIRE APTÈRE

HYMNE

Ah! baisse à tout jamais, Victoire,
Ces yeux, ce front déshonoré !
Que va dire ta sœur l'Histoire ?
Que dira l'Olympe sacré ?
Amante de ces Goths funèbres
Reste errante dans leurs ténèbres ;
Car si, quittant ces Allemands,
Tu remontais dans les nuées,
Tous les Dieux poussant des huées,
Diraient : Ce n'est pas vrai! Tu mens! »

Plateau d'Avron, 15 décembre 1870.

L'ALPE

A Monsieur Gaston Saint-Yves

L'ALPE

SYMBOLE

Sur l'Alpe de l'Esprit humain
Les pics sont vierges de chemin.
Seul, l'aigle sacré, le Génie,
Monte à leur splendeur infinie,
Et du haut des mêmes sommets,
D'âge en âge, voit à jamais
Se dérouler dans leur mystère
Le même Ciel, la même Terre.

Là, l'immuable Vérité
S'étend sur la réalité
Comme l'Océan sur le sable.
Plus rien de l'erreur périssable :
Lacs noirs, vents, torrents, passions,
Mugissements et tourbillons,

Gouffres de la chair éperdue
Font silence dans l'Étendue.

Là, meurt tout ce qui doit mourir,
Tout ce qui souffre et fait souffrir.
La Flore et la Faune des âmes,
Sont des diamants et des flammes.
Plus d'ombre : les Cieux éclatants,
Dominant l'Espace et le Temps
De tout l'éclat de leur prunelle,
Règnent dans leur paix éternelle.

La division des Esprits
Ici s'arrête : plus de cris.
Les nuages noirs des pensées
Leurs chocs, leurs foudres insensées
Eclatant sur les Nations,
Roulent en bas sous les rayons
De la Vérité méconnue
Qui les suit du haut de la nue.

Ici, dans l'Espace ébloui,
Dans l'Insondable et l'Inouï,
Dieu-les-Dieux rend la clairvoyance
A l'Homme. — Il parfait la Science,
L'Art, la Vie et l'Humanité ;
Il brille dans sa majesté
Montrant à l'Ame illuminée
Son immortelle destinée.

Devant son total horizon,
L'Ame tend toute sa raison,
S'ouvre immense, et voit toute chose
Descendre du haut de sa cause,
Gagner sa fin, subir sa loi.
L'Absolu remplace le Moi;
Et des hymnes chargent de chaînes
Les ailes des doctrines vaines.

On entend les muets accords
Des Esprits, des Ames, des Corps,
De l'Invisible et du Visible.
Comme un trait dardé dans la cible,
Sûre, la Pensée en tout lieu
Frappe, rayon de l'arc d'un Dieu,
Et toute ombre éclate et s'entr'ouvre,
Montrant l'Inconnu qu'elle couvre.

C'est de ces sommets radieux
Que sont descendus tous vos Dieux.
Il suffit qu'un Orphée y monte
Pour changer en Gloire la Honte,
En Lumière l'Obscurité,
Et pour que la Divinité
Illuminant le fond du gouffre
Rende une âme au Chaos qui souffre.

Cette terre béante, en bas
Que ne la voyez-vous ! Hélas !

C'est toujours la Terre promise
Que votre Christ et que Moïse
Entrevirent de ces hauteurs.
Orphée, en rites enchanteurs,
Vous la montra divinisée :
C'est l'Eden et c'est l'Elysée,

Page du divin rituel,
Ile magnifique du Ciel,
Elle sourit toujours à l'Homme :
C'est un des fiefs de son Royaume.
En Vérité, je vous le dis,
C'est un des champs du Paradis
Où Lui, Dieu-les-Dieux, vous convie
Au Ciel, au Bonheur, à sa Vie.

Mais vous vous enfuyez de Lui !
Du Riphée ou du Sinaï,
En vain, voyant votre naufrage,
Nous venons conjurer l'orage :
A tout nouveau *sursum corda*,
Sur le Calvaire ou sur l'Ida,
Le Mal sortant de ses repaires,
Nous oppose croix et vipères.

Soit : tuez-nous ; mais écoutez,
De siècles en siècles répétés,
Nos hymnes parmi les tonnerres !
Aèdes et missionnaires,

Dans les gloires, sur les éclairs,
Nous vous montrons du haut des airs
Le but éternel et la voie :
Gloire à Celui qui nous envoie !

LA SCIENCE

A Monsieur le Comte de Chaudordy

LA SCIENCE

HYMNE

Science infernale et céleste,
Lumière de l'Humanité,
Seule auréole qui lui reste
De son antique majesté,
Déesse au front masqué, fille de Prométhée
Sur l'Océan du Temps à jamais emportée
Par un char attelé de Dragons dévorants,
Toi qu'engendra jadis la Nature des choses,
Vers quels gouffres hideux, vers quels monts grandioses
Conduis-tu les Peuples errants ?

Es-tu la Mort ? Es-tu la Vie ?
Es-tu le Mal ? Es-tu le Bien ?
Depuis le temps qu'il t'a suivie
L'Homme épouvanté n'en sait rien.

Muette comme un sphinx en ton vol solitaire,
Tu dévores l'Espace et tu parcours la Terre,
Tu planes dans les Cieux, tu plonges dans l'Enfer :
Les Empires, les Temps, tout croule, tout s'efface,
Tout renaît ! et nul homme encor n'a vu ta face
    Que recouvre un masque de fer.

    Es-tu vivante ? Es-tu sans âme ?
    Caches-tu, Vierge aux seins d'airain,
    Sous ta cuirasse un cœur de flamme,
    Sous ton casque un plan souverain ?
Du sceptre merveilleux de tes lois infinies,
Quand tu frappes ce Globe, il en sort des génies
Comme autant de guerriers en armes sur des tours,
De siècle en siècle, ils vont ; ton souffle les inspire,
Air et Mer, Terre et Ciel, tout subit leur empire ;
    Et pourtant nous cherchons toujours !

    Nous cherchons toujours, ô Déesse !
    Race que rien ne peut dompter,
    Il faudra que le Ciel s'abaisse,
    S'il ne veut plus nous voir monter !
Nous attelons au joug les Flammes, les Nuages ;
Ils passent, défiant les ailes des orages,
Et traînent en grondant les Peuples derrière eux.
D'innombrables Cités, Babylones des ondes,
Roulant sur l'Océan, réunissant les Mondes,
    Fument sur les flots monstrueux.

LA SCIENCE

  Le fils d'une terre sacrée,
  Un Gaulois, un audacieux,
  Voulant voir de près l'Empyrée
  Est monté vivant dans les Cieux,
Il a vu fuir sous lui les Montagnes, les Iles,
Les Volcans et les Mers, les Peuples et leurs Villes,
Les Aigles, les Eclairs, puis il est revenu,
Il est redescendu vivant sur notre France,
Fier d'avoir aussi haut fait monter l'Espérance
  Et rétrograder l'Inconnu !

  Tu fais d'incroyables merveilles,
  O Déesse aux regards de feu ;
  Et parfois les fruits de tes veilles
  Sont les fils de l'Esprit de Dieu !
Mais hélas ! désertant les splendeurs infinies,
Félonne aux Dieux vivants, tu sers les tyrannies,
Tu fais surgir du sol tout un monde effrayant,
Tu fauches sans pitié les Hommes, tu les navres ;
Et la Terre tressaute, et l'on voit des cadavres,
  Et l'Humanité va criant !

  Tu t'ensanglantes, tu te vautres,
  Tu fais un métier de boucher ;
  Et lorsqu'on brûle tes apôtres,
  Tu souffles le feu du bûcher.
Je te le dis en face, ô Science des Hommes !
Tes chefs-d'œuvre mêlés de monstrueux fantômes

Sentent encor la Mort, la Nuit et le Chaos.
Tu nous a mis aux mains les Éclairs et la Foudre;
Mais, quand nous nous battons, un Peuple tombe en poudre;
    Et la Terre a froid dans ses os!

    Qui donc es-tu? Que faut-il croire?
    Qui des deux ment, dis! Qui des deux?
    Est-ce ton visage de gloire?
    Est-ce ton visage hideux?
Avaient-ils donc raison dans la nuit de souffrance,
Ces moines qui, faisant leur Dieu de l'Ignorance,
Égorgeaient tes martyrs sur leurs autels sanglants?
Mais non. Honte à ces temps! Arrière, ô Barbarie!
Sachons souffrir. Il faut que toute mère crie,
    Lorsqu'un enfant lui sort des flancs!

    Ah! tu passais devant Moïse,
    Quand il fit son livre idéal;
    Car c'est toi qu'il peignit, assise
    Sous l'Arbre du Bien et du Mal.
Enfant, j'ai tressailli sous ton baiser terrible;
Mon esprit éperdu trouva ton masque horrible;
J'aperçus l'Athéisme, et j'en faillis mourir;
Mais l'ôtant de mon cœur ainsi qu'un fer de lance,
Sentant une âme en toi, comprenant ton silence,
    J'ai voulu savoir et souffrir.

    Je t'ai suivie au fond des tombes
    Comme le vieil Ahasvherus;

LA SCIENCE

J'ai traversé les hécatombes
De tous les Mondes disparus ;
Je t'ai suivie au fond de l'antique Magie,
Et là, j'ai vu rouler des pleurs de nostalgie
Sur ton masque de bronze interrogeant les Cieux :
Tu guettais le lever de l'Etoile endormie,
Et triste comme Job et comme Jérémie,
    Tu courbas ton front soucieux.

    Mais soudain tu crias : « C'est l'heure !
    « Voici les Temps prédestinés :
    « Il faut que l'Ignorance meure !
    « L'Etoile est là ! les Temps sont nés ! »
Alors je vis ta lutte avec la Destinée,
Ton char heurtant le char de la Guerre étonnée,
Tes dragons noirs mordant ses lions rugissants ;
Ton essor égala tes immenses désastres :
Ce n'était plus le feu de l'Enfer, mais les Astres
    Qui léchaient tes seins frémissants !

    Quand donc ôteras-tu ce masque,
    Science, divin Souvenir ?
    Quand donc montreras-tu sans casque
    Ce front que Dieu voudrait bénir ?
Suis-moi, Vierge ! En avant ! Viens vers l'Éden immense !
Le vieux Monde s'achève et l'Univers commence !
Viens ! Viens ! Je veux te voir dans ta réalité
Nouant la chaîne d'or des effets et des causes,
Emporter à deux bras dans les Cieux grandioses
    Ce Globe, ivre de ta beauté !

Ouvre ta gorge, ouvre ton âme,
Fille des Dieux et des Titans !
Je veux baiser tes seins de flamme,
Et féconder de nouveaux temps !
Défais cette cuirasse, ô Vierge ! Viens ! je t'aime !
Je veux t'étreindre nue en ta beauté suprême !
Dieu l'ordonne ! Il le faut ! Je vais t'initier !
Sois mère ! Et revoilant tes splendeurs diaphanes,
Enfonce brusquement dans les yeux des profanes
Deux de tes doigts gantés d'acier !

LE TEMPLE

A Monsieur le Comte du Rutte

LE TEMPLE

SYMBOLE

Sur le plus haut pic flamboyant,
Le Temple est là, dans l'Orient,
Temple unique, toujours le même.
Là, sont gardés le Diadème,
Le Sceptre, la Baguette d'or,
Tous les prix du céleste essor,
Les Séphers scellés, l'Epopée,
La Lyre, la Harpe, l'Epée.

Bien que fermés de tous côtés,
Les murs rayonnent des clartés
Qui brûleraient les yeux physiques.
Il en ruisselle des musiques

Dont les mystérieux accords
Sont les Ames de tous les corps,
Les Causes, les Lois, les Génies
De leurs secrètes harmonies

Autour, ondulent en tous sens
Quatre cycles éblouissants
De Dieux, d'Esprits, d'Ames parfaites ;
Ils accourent aux mêmes fêtes
Sur des chars de rayons vermeils,
Descendant de tous les Soleils,
Remontant de toutes les Terres
Pour célébrer les grands Mystères.

Comme des aubes dans les airs,
On les voit passer à travers
Les murs aux pierres diaphanes ;
Et pourtant les yeux des profanes
Ne pourraient les suivre en dedans,
Sans changer en éclairs grondants
Tous les rayons devenus foudre,
Et se faire à l'instant dissoudre.

C'est le Temple unique, éternel,
Par qui la Terre monte au Ciel,
Par qui le Ciel descend sur Terre.
Ce qui s'y passe, il faut le taire
Sous peine d'en être chassé
Et de s'éveiller insensé,

Sans souvenir, sans espérance,
Dans l'Abîme de la Souffrance.

Par Brahma, Zeus ou Jehovah,
Tout Culte en vient, tout Culte y va;
Tous ont un peu de sa magie,
Tous en donnent la nostalgie;
Du fétiche à ses murs sacrés,
Chacun marque l'un des degrés,
L'une des zones du domaine
Où monte et descend l'Ame humaine.

Salut à jamais, divin lieu
Où le Meilleur redevient Dieu,
Où Lui, Dieux-les-Dieux, devient Homme!
Salut, Tête et Cœur du Royaume,
Citadelle de diamant,
Miroir du grand rayonnement,
Arche sainte de la Science,
De l'Art et de la Conscience!

Salut! Salut! Salut Esprits,
Mages, Bardes, Héros et Christs,
Dompteurs des deux Serpents funèbres,
Vainqueurs du Temps et des Ténèbres,
Prêtres du Temple, Créateurs,
Aides des douze Bienfaiteurs
Dont les Nations et les Ages
Virent l'œuvre et les témoignages!

Avec vous je tombe à genoux !
Oui, le Royaume est devant nous !
Oui, la Promesse est accomplie !
Oui, ce qu'ils taxaient de folie
Là-bas, est la Sagesse ici !
La Réalité ? La voici :
Superbe, infinie, éclatante,
Elle dépasse toute attente !

Dieu, la Nature, l'Univers,
Les Mondes et leurs Dieux divers,
Les immenses flottes solaires
Fendant les Océans stellaires,
Dardant leurs feux, se déployant
De l'Occident à l'Orient,
Et livrant leurs combats sans nombre
Au Néant, au Chaos, à l'Ombre,

L'Homme marchant dans tous les Cieux
Invisible, visible aux yeux,
Parmi les Dieux, parmi les Bêtes,
Etre à cent milliards de têtes,
Ame unique des Firmaments,
Des Atomes, des Eléments,
Lumière de l'Ether immense,
Nuit de l'Abîme où tout commence......

O joie ! O Magie ! O Beauté
De la divine Vérité !

Ton amour m'embrase, il m'enlève !
Est-ce la Lyre, est-ce le Glaive,
La Harpe ou la Baguette d'or
Qui doivent redescendre encor
Et déchirer l'Ombre éblouie ?
Parle, ordonne, sois obéie !

* *

« Il faut à ma création
« Christ, Hermès, Orphée, Amphion.
« Marche : la Lyre vaut l'Epée !
« Toutes deux ont leur Epopée,
« Leur magie et leur action ;
« Mais avant que ta nation
« Lève le bras, chante, poëte,
« Et fais-lui relever la tête !

« Les Héros ne manqueront pas,
« Quand le Temple sera là-bas.
« Lorsqu'un des nôtres le dirige,
« Un Peuple devient mon quadrige.
« Terrible, harnaché d'acier,
« J'y mets un Héros pour coursier.
« Sous eux l'obstacle vole en poudre ;
« L'un tient l'éclair, l'autre est la foudre ! »

* *

J'ai ceint mes reins, je jette au vent
Ces Hymnes du Temple vivant.
Pareils à des langues de flammes,
Qu'ils donnent le Verbe à vos âmes,
Dussent les gouffres en hennir!
Les Dieux partis vont revenir,
Et, par ma voix, l'Esprit vous crie :
Debout tout ce qui pense et prie!

LES HEURES

A Madame la Baronne de Lowenthal

LES HEURES

HYMNE

Habitantes du Ciel qui hantez nos demeures,
      Filles vierges du Temps;
Infatigable essaim, troupe aux pieds palpitants,
      Chœur agile des Heures,
Vous êtes à la fois en votre mission
      Infernales, célestes,
      Bienfaisantes, funestes,
Mais ni prière, hélas! ni malédiction,
N'arrête en son essor votre errant tourbillon!

Vous valsez à jamais dans la bleue Étendue;
      Et chacune à son tour
Devient la choryphée et dit son chant d'amour,
      Puis s'enfuit, éperdue.

Ainsi, du premier rang, vous passez au dernier,
   O sœurs blondes et brunes !
   Et le regard des Lunes
En voit douze tourner et douze sommeiller,
Jusqu'à ce que le Jour vienne les éveiller.

Heures blondes du Jour, sombres Heures nocturnes,
   Doux Esprits familiers,
Reines de nos Cités, Muses des sabliers
   Et des tours taciturnes,
A peine effleurez-vous de vos pas déliés
   Nos clochers centenaires
   Qui bravent les Tonnerres,
Et pourtant ils ont peur, ils geignent par milliers,
Et demeurent tremblants comme des peupliers !

Qu'avez-vous donc en vous ? Quelle est votre puissance ?
   Hélas ! filles du Ciel !
Vous apportez du fond du Mystère éternel
   La Mort et la Naissance.
Par vous, ce qui semblait devoir toujours durer
   S'enfuit de la Lumière
   Et retourne en poussière :
Voilà pourquoi sur eux sentant vos pas errer,
Les grands clochers d'airain se prennent à pleurer !

Pleurez, géants, pleurez ! Oui, ces Vierges cruelles
   Nous ôtent chaque jour
Espérance, amitié, bonheur, fortune, amour
   Que dispersent leurs ailes !

Langues d'airain, criez! A toute heure, ici-bas,
        Roulent au fond des tombes
        Des milliers d'hécatombes;
Et ces Filles du Temps ne nous rapportent pas
Ce qu'elles vont prenant pour jeter au Trépas!

Criez, pleurez, priez! Mais, ô Magiciennes
        Qui les frôlez ainsi,
A travers leurs sanglots elles chantent aussi,
        Ces tours éoliennes!
Elles chantent, sachant sans doute vos secrets
        Et tout ce qui se passe
        Dans l'insondable Espace;
Et leur hymne vibrant dit aux hommes distraits
Que pour les maux soufferts, autant de biens sont prêts.

Car vous êtes les sœurs des saintes Harmonies :
        C'est leur céleste voix
Qui rhythme votre danse, et qui l'accorde aux Lois
        Des Sphères infinies.
Vous voyez à la fois ce que les Hommes font
        Et les œuvres étranges
        Des Astres et des Anges;
Et lorsque vous chantez, ô mystère profond!
Tout le Ciel vous répond comme un Temple sans fond.

Vous êtes ici-bas les Muses des Épreuves
        Et des Efforts bénis;
Des Saisons et des Ans, des Siècles infinis
        Vous dirigez les fleuves;

Vos chœurs harmonieux règlent l'activité
   Et les métamorphoses
   Des Êtres et des choses,
Et, si vous le quittiez, l'Univers habité
Serait pris de stupeur et d'immobilité.

Ainsi donc parcourez les Villes, les Campagnes,
   Les Iles, les Déserts,
Allez, et remplissez de réguliers concerts
   Les Vallons, les Montagnes!
Des alpestres chalets aux murs de nos Cités,
   Sur nos cris, sur nos plaintes,
   Semez vos hymnes saintes;
Rhythmez les grands travaux des Peuples agités
Et ceux des Éléments comme nous tourmentés.

Celui-là vous maudit qui n'a pas de courage,
   Ou qui n'a pas compris;
Car vous venez de Dieu, car vous êtes sans prix,
   Heures, perles du Sage!
Changez à tout jamais, ô chœur éolien,
   L'Ignorance en Science,
   La Faiblesse en Puissance;
Changez la Mort en Vie; arrachez Tout de Rien;
Abeilles du Progrès, changez le Mal en Bien!

LE GRAND ASCÈTE

A Monsieur le Docteur Saint-Yves

LE GRAND ASCÈTE

SYMBOLE

Vers la Civilisation,
Un géant vêtu d'un sayon
Regarde : c'est le grand Ascète.
De son char traîné par la Bête,
La Reine des Babels le voit ;
Elle lui fait signe du doigt ;
Mais il s'éloigne, et chacun rentre,
Elle dans Paris, lui dans l'Antre.

La Reine alors monte à sa tour
Pour regarder mourir le Jour
Et naître la Nuit étoilée.
A ses pieds, comme une vallée
Eblouissante de clarté,
S'ouvre et s'embrase la Cité,

Et, sur mille modes étranges,
Les Peuples chantent ses louanges.

« A toi, Déesse, disent-ils,
« L'or, la myrrhe aux parfums subtils,
« Les voix, les concerts, les cadences
« Des verres, des baisers, des danses !
« A toi le bûcher des désirs !
« Viens, descends, Reine des plaisirs !
« Pourquoi sur ta tour solitaire
« T'enfuir, Etoile de la Terre ? »

Mais, pleine d'un trouble idéal,
Elle leur dit : « Menez mon bal;
« Prenez tout, mes flambeaux, mes flammes,
« Mes coupes, mes philtres, mes femmes,
« Mes musiciens, mes valets,
« Mes chars, mes coursiers, mes palais !
« Je veux passer sur ma tour sombre
« Cette nuit à prier dans l'ombre. »

Et riants, les Civilisés
Volent dans les bras embrasés
De Paris, Bacchus de l'Orgie
Dont ils ont tous la nostalgie.
Le vent emporte vers les Cieux
Des rafales de chants joyeux,
Et les Luxures provoquantes
Entonnent l'hymne des Bacchantes.

Au bruit de ces folles clameurs,
La Foi s'envole avec les Mœurs,
La Loi les suit à tire-d'aile ;
Et la Reine sent croître en elle
Un amour terrible et secret
Pour le Géant de la forêt.
L'aile des fugitifs l'effleure :
Elle écoute, elle tremble, et pleure.

« Astarté, dit-elle, Astarté !
« Source de Vie et de Beauté,
« Pourquoi verses-tu la Folie !
« Pourquoi l'Homme jusqu'à la lie,
« Jusqu'à la fange de son sang,
« Presse-t-il ton sein tout puissant !
« O ma mère ! Et toi, Ciel immense !
« Comment conjurer leur démence ? »

Cependant d'autres fugitifs
Passent avec des cris plaintifs,
Les chants de mort des consciences :
Ce sont les Arts et les Sciences,
Ce sont les Muses s'exilant ;
Au-dessus de Paris hurlant,
Ils volent dans de sombres voiles ;
Ils remontent dans les Etoiles.

Alors la Reine de Paris
Frappe sa poitrine à grands cris ;

Entendant venir les désastres,
Elle regarde vers les Astres :
Une Comète rouge est là,
Et le Nord murmure : « Attila ! »
La Reine fuit, pâle, muette......
Où ? Vers l'Antre du grand Ascète.

LA LUNE

A Madame la Comtesse Rzewüska

LA LUNE

HYMNE

Lune, soleil des Morts, spectre de l'Etendue
   Que la Terre éclaire d'en bas,
Astre cadavérique où va l'Ame perdue
   Dans le Sommeil ou le Trépas,
Ta lueur verte et blême a des aspects étranges,
   Soit qu'elle se suspende aux franges
Du brouillard, des sapins, du torrent, du glacier,
   Soit qu'elle danse sur l'eau noire
Des rivières, des lacs et des mers, sombre moire
   Où courent tes flèches d'acier !

Lune, sinistre Lune, Astre de la Folie,
   D'où vient que la Haine et l'Amour
Te montrent la fureur et la mélancolie
   Qu'ils dérobent à l'œil du Jour ?

D'où vient que séve, sang, flux des eaux, flux des âmes
    Se règlent sur tes pâles flammes ?
Que le chat et l'amant s'y baignent langoureux,
    Et que, du lit au cimetière,
Tu travailles tout être, à travers la Matière,
    D'un doux rêve ou d'un songe affreux ?

Magicienne, à toi les secrets magnétiques,
    Le monde des pressentiments,
Le hurlement des chiens, les jeux cabalistiques
    Des sorciers et des nécromans !
A toi les cauchemars des criminels funèbres,
    Les visions dans les ténèbres,
Les larves, les hiboux et les chauves-souris,
    Les vacillations des Mânes,
Les apparitions des spectres diaphanes,
    La frayeur, les lugubres cris !

A toi les craquements dans les maisons hantées,
    Les feux follets sur les étangs,
Les ruines par l'ombre et le meurtre habitées,
    Les suaires aux plis flottants !
A toi la psalmodie au fond des monastères
    Et la débauche et les mystères
Des vampires couchés sur le corps des vivants
    Et le chœur des âmes damnées
Repoussant brusquement au fond des cheminées
    La fumée et les voix des Vents!

LA LUNE

A toi les champignons vénéneux, les vipères,
  Les miasmes, les noirs Esprits
Insufflant aux enfants les virus de leurs pères,
  Aux Sexes leurs ruts, leurs prurits !
A toi l'impression des images rêvées
  Par la femme enceinte et gravées
Dans les chairs, dans les nerfs, dans les os des fœtus !
  A toi l'horrible frénésie
Transmise avec la Vie ! A toi l'épilepsie,
  Qui noua César à Brutus !

O Lune, Astre fatal, que me veux-tu ? Prends garde !
  Plus fort que tes enchantements,
Je ferai frissonner cette face hagarde
  Qui met en deuil les Firmaments !
Au nom de la Magie, au nom du Tétragramme,
  Parle ! Il est minuit : le cerf brame,
Le coq chante, le loup hurle, les matelots
  Sombrent, l'Océan fou s'effare,
La Mort secoue au loin son rire, sa fanfare
  De cris, de râles, de sanglots !

DIANE

« Que me veut-on ? Qui trouble en son grave mystère
  « La Régulatrice des Mois ?
« Est-ce une âme qui monte et cherche à fuir la Terre,
  « Ou quelque chasseur de chamois ?

« Est-ce le chevrier, l'assassin, la victime ?
  « D'où vient-il ? du mont, de l'abîme,
« Le cri dont je frémis, surprise en mes secrets ?
  Répondez. — J'entr'ouvre les Nues,
« J'illumine les Mers et les Campagnes nues,
  « Les Montagnes et les Forêts ! »

*
* *

Parle, Vierge, obéis ! Mon nom ? Eh ! que t'importe ?
  L'Univers est mon Parthénon !
J'y marche de par Dieu dans ta lumière morte ;
  C'est à Toi de savoir mon nom !
Je t'accuse, réponds ! Et souviens-toi de l'Ebre,
  Rappelle-toi le cri funèbre
Que la Lyre en tombant sur les rochers sanglants
  Lança vers ta face muette,
Les Ménades frappant du thyrse le Poëte,
  Tes louves et tes bois hurlants !

Je veux la Vérité ! Dans ton temple d'opale,
  Si tu n'es que stérilité,
Quel but poursuis-tu donc dans le Ciel, Vierge pâle,
  Autour de ce Globe habité ?
Au nom de la Magie, au nom du Tétragramme,
  Parle ! il est minuit : le cerf brame,
Le coq chante, le loup hurle, les matelots
  Sombrent, l'Océan fou s'effare,
La Mort secoue au loin son rire, sa fanfare
  De cris, de râles, de sanglots !

DIANE

« Fils d'Apollon, je garde à jamais le passage
  « Par où les Ames vont aux Cieux.
« Tu ne vois qu'un côté de mon double visage :
  « L'Autre regarde vers les Dieux.
« Je comprime ici-bas l'effluve de la Terre ;
  « De tout le poids de mon cratère
« Je presse les Esprits, les Ames et les Corps,
  « Et tout monte sous ma pesée,
« Tout entre dans mon rythme, et subit la rosée
  « De mes silencieux accords.

« Je joins et je disjoins, je rapproche et j'oppose
  « Tout : Pôles, Sexes, Eléments ;
« Je suis le Féminin latent de toute chose ;
  « J'attire à moi les Mouvements,
« Ils cèdent, dans leur Forme, aux Lois de mes Semaines :
  « Bêtes, Plantes, Foules humaines,
« Les Fluides, les Vents, les Nuages, la Mer,
  « Tout flue à moi dans sa marée,
« Depuis le Feu central grondant vers l'Empyrée
  « Jusqu'aux subtils confins de l'Air.

« Je préside à la Mort, je règle la Naissance,
  « Car naître, c'est mourir encor.
« Les Générations roulent sous ma Puissance :
  « J'en tiens les clefs d'argent et d'or ;

« Je renvoie au Soleil les Ames Immortelles
  « Dont l'Esprit a gagné ses ailes
« Pour s'enfuir du Torrent des Générations ;
  « Autrement, au fond de l'Espace,
« Je les noue à la Femme, et leur Destin repasse
  « Dans le jeu de mes tourbillons.

« Lorsque viennent les temps sacrés des Prophéties,
  « Hermès m'amène aussi du Ciel
« Les Esprits rayonnants des Démons, des Messies,
  « Les Envoyés de l'Eternel.
« Ils prennent dans mon Temple une Ame à leur image :
  « Prêtre, Prophète, Héros, Mage,
« Je les suis du regard sur ce Globe pervers,
  « Et malheur à qui les maltraite !
« Car les Parques sont là, car Némésis est prête,
  « Car je veille dans l'Univers ! »

« Ah ! si tu les voyais, les Ames invisibles
  « Sortir par essaims des tombeaux,
« Vaciller et monter dans mes rayons paisibles,
  « Glisser en foule sur les Eaux !
« Les unes sur les Champs prenant leur course folle,
  « Plus rapides que la parole
« Passent, rasent le sol, se lancent dans les Airs,
  « Se suspendent aux brouillards vagues,
« Retombent sur les Mers et dansent sur les vagues
  « Ou rêvent sur les rocs déserts.

« Les autres, franchissant la Sphère des Nuages,
 « S'entraînent à voler vers moi,
« Escaladant l'Ether, grimpant dans mes mirages,
 « Dégringolant, tremblant d'émoi,
« Remontant, m'arrivant palpitantes de rêves,
 « Jouant par troupeaux sur mes grêves,
« Plongeant dans mes volcans, se cherchant, s'appelant,
 « Se retrouvant, formant leurs groupes
« Et promenant leurs chœurs de mes vallons aux croupes
 « De mon grand Cirque étincelant.

« Mais la Terre t'emporte, adieu ! Parle aux Etoiles :
 « Moi, je te perds à l'horizon.
« Barde, quand de ton corps tu laisseras les voiles
 « Dans leur funéraire prison,
« Ne crains rien, viens, saisis mes coursiers de lumière,
 « Crois, et vers la source première
« Dont tu sors, vers le Dieu superbe, à l'arc vermeil,
 « Fixant fortement ta pensée,
« Va ! je te laisserai, de ma Sphère glacée,
 « Monter sans obstacle au Soleil ! »

***

Adieu, Lune, poursuis à jamais ton mystère,
 Suis ta nocturne mission !
Roule sous d'autres Cieux ! Fais tomber sur la Terre
 La mobile incantation

De ton rhythme profond, magique, magnétique!
  Phœbé, je t'offre ce Cantique
Dans ton mode lunaire où chantent nos remords,
  Nos angoisses, nos deuils, nos râles,
Nos bouches se collant aux pierres sépulcrales,
  Nos Vivants priant pour leurs Morts!

LE RETOUR DU GRAND PASTEUR

A Monsieur Le Play

LE RETOUR DU GRAND PASTEUR

SYMBOLE

Le grand Pasteur mystérieux,
Le Berger de l'Alpe des Cieux,
Le chef du troupeau planétaire
Revint à ma voix sur la Terre ;
Vêtu de rayons éclatants,
Il était semblable au printemps ;
Il me dit : « Esprit, aime, espère,
« Tes cris sont montés jusqu'au Père ! »

Nous descendîmes lentement
L'Alpe aux rampes de diamant.
Les Dieux, l'Univers, la Nature
Suivaient des yeux notre aventure ;

Sur le seuil du Temple étoilé
Ils chantaient : Iod-Hé-Vau-Hé !
Et des tourbillons de Génies
Descendaient dans leurs harmonies.

Devant nous, aigles et lions,
Intelligences, Passions,
Instincts pervers, ours et vipères,
Se dressaient hors de leurs repaires ;
Puis ils s'élançaient tout joyeux
Aux sons de la Lyre des Dieux,
Et, dans leur pureté première,
Léchaient nos manteaux de Lumière.

« Hélas ! dis-je, viens par ici,
« Regarde sous nos pieds : voici
« L'Europe, la Patrie antique
« De l'Aïeul blanc, du Grand-Celtique.
« Cet abîme d'iniquité,
« Regarde : c'est la Chrétienté ! »
Et le Christ du haut d'une cime
Darda ses regards sur l'abîme.

Son cœur céleste frissonna.
Ce n'était point un Hosannah
Qui, du fond de ce gouffre immense,
Montait, mais des cris de démence,
Cris de révoltes, de combats ;
Et ce que l'on voyait en bas

(J'en écrivis un jour l'histoire),
C'était l'Enfer et sa Victoire.

La Foi, la Loi, les Mœurs mouraient;
Les Eglises se dévoraient
Fulgurantes sous les nuages;
Partout, la Loi des anciens âges
Criait : « Œil pour œil, dent pour dent ! »
Et d'Orient en Occident,
L'Islam, penché sur sa cavale,
Mesurait l'Europe rivale.

Israël fuyait nos cités;
Nos antiques prospérités
Croulaient cendres, s'envolaient flammes;
Aux cris de l'homme, aux pleurs des femmes,
Les tonnerres des régiments
Foudroyant des débris fumants
Tonnaient, voix des guerres civiles,
A travers campagnes et villes.

Ages, Sexes, Rangs éperdus
Brisaient leurs devoirs confondus;
Pris du vertige du Déluge,
Réclamant leurs droits au Grand Juge,
Ils proclamaient l'égalité
De l'antique Fatalité,
Puis se tordaient sans espérance,
Vides d'amour, pleins de souffrance.

Le Peuple renversait les Rois ;
Les Rois mettaient le Peuple en croix ;
Le Vent chassait croix et couronnes ;
Et la Mort montait sur les Trônes !
Puissances, Dominations
S'abattaient sur les Nations,
La Famine entrait dans les havres,
La Peste sortait des cadavres.

On voyait les ports écumer
Et les flottes sur mer fumer,
Rougir les flots, vomir la foudre.
L'Homme avait soif de se dissoudre,
De rentrer dans les Eléments ;
Il s'ouvrait sous les Firmaments
A coups d'éclairs et de mitrailles,
Le cœur, la tête, les entrailles.

Or, près de moi, le Christ pleurait ;
Saisi du désespoir secret
Du pasteur dont le troupeau souffre ;
Il allait bondir dans ce gouffre,
Quand, soudain, avec de grands cris,
S'opposèrent deux fiers Esprits,
Glaives au poing, couple athlétique :
Le Grand-Juge et le Grand-Celtique.

« La Justice avant la Bonté !
« L'Amour après la Vérité ! »

Dirent-ils. « Prends pour toi le Glaive.
« Avant que ton jour ne se lève,
« Il faut que le nôtre ait passé ;
« Il faut que Satan terrassé
« Change en désespoir sa furie :
« Arme-toi, Christ, regarde et prie ! »

LE BERCEAU

A Monsieur de Villiers du Terrage

LE BERCEAU

EUMOLPÉE

Dans le berceau bleu, frangé de dentelle,
Ouvrant ses grands yeux pleins d'étonnement,
Frêle corps, prison d'une âme immortelle,
Rose et blanc, sourit le bébé charmant.

Près de lui, la mère étend sa main pâle,
Le berce, lui chante un air enfantin,
Noyant d'un regard de joie idéale
Les beaux yeux riants du petit lutin.

Belle et grave, elle est enchantée et fière,
Ses douces amours ont, dans leur filet,
Pris au Ciel un ange acquis à la Terre
Par de longs baisers lavés dans du lait.

Mais l'Ange parfois se souvient et pleure ;
A travers ce corps qu'il lui faut pousser,
Lys céleste, il sent le Mal qui l'effleure,
Reconnaît la Terre et veut s'élancer.

L'invisible chœur des âmes l'appelle :
Il pleure plus fort l'entendant chanter ;
Et la mère a peur qu'il ne rouvre l'aile
Vers l'azur divin qu'il vient de quitter.

Rivale de Dieu, femme, elle s'élance,
Elève son chant sur ce cri plaintif,
Et dans ses deux bras caresse et balance
Sur son cœur brûlant son ange captif.

Savante dans l'art de capter une âme,
Elle lutte avec l'Immortalité,
Opposant au Ciel, bouclier de flamme,
Ce cœur, Ciel humain de l'Humanité.

Déployant son sein, colombe au bec rose,
Se penchant afin d'éclipser les Cieux,
Elle enivre l'Ange, et l'enfant morose
Tette, la caresse, et lui rit des yeux.

LES ASTRES

A Monsieur Alexandre Dumas

LES ASTRES.

HYMNE

Salut, assemblée infinie,
Interprètes sacrés des volontés des Dieux,
Astres qui constellez l'Orbe sans fond des Cieux,
Nombres vivants de l'Harmonie!
Votre étude est divine; elle enlève l'esprit!
Astres, par vous, le Ciel est comme un livre écrit
Que l'on peut lire de la Terre;
O signes lumineux du Poëme éternel,
Parlez-moi le langage ineffable du Ciel,
Oh! parlez-moi du grand Mystère!

N'êtes-vous, dans l'immense Nuit,
Que des feux allumés pour éclairer nos pâtres?
N'êtes-vous qu'une horloge aux rouages bleuâtres,
O Mondes qui roulez sans bruit?

Quelle est votre nature et votre destinée ?
Cette belle Lumière à vos flancs enchaînée,
  Qu'y voit-elle, Astres merveilleux ?
N'êtes-vous que déserts dans le désert Espace,
Et notre Globe à nous est-il le seul qui passe
  Avec des Êtres et des yeux ?

  Faut-il ressusciter vos prêtres ?
Faut-il, nouvel Orphée, être et périr encor ?
Oui, la Lyre tressaille, et, dans vos Nombres d'Or,
  J'entends frémir les voix des Êtres !

LES ASTRES

« Nous avons comme toi, Terre, nos Éléments,
« Nos Lunes, nos Soleils pleins d'éblouissements,
  « Nos Saisons, nos Mois et nos Heures ;
« Nous avons comme toi, nos Champs, nos Mers, nos Bois
« Et mille Êtres vivants nous remplissent de voix,
  « Et font dans nos flancs leurs demeures.

  « Chacun de nous emporte en soi
« Un souffle tout puissant de l'Ame universelle,
« Et sa fécondité qui dans nos cœurs ruisselle
  « Nous travaille tous comme toi.
« Cependant nous traînons dans nos courses errantes
« Mille combinaisons de formes différentes
  « Selon les lois de nos rapports ;
« Et sur chacun de nous, en ses métamorphoses,

« La Nature vivante arrache aux mêmes Causes
    « Mille diversités d'accords,

« Nous portons comme toi des hommes
« Plus ou moins éloignés du Centre universel,
« Selon l'ordre et le rang que nous avons au Ciel.
    « Par nous, ils sont; par eux nous sommes.
« Les uns sont immortels, d'autres vivent longtemps,
« D'autres, comme les tiens, ne sont que peu de temps
    « A faire ombre sous la Lumière ;
« Mais tous, plus ou moins loin de la Divinité,
« Décrivent avec nous un cercle illimité
    « Autour de la Cause première.

« Tels ils sont, tel est leur milieu.
« Quand ils meurent, il est des Astres où leur âme
« Attend pour s'incarner dans le sein d'une femme
    « L'appel de deux bouches en feu.
« Or, parmi les Soleils et les Cercles de Lunes,
« Dans la Nuit, dans le Jour, invisibles, les unes
    « Cherchent un Monde inférieur ;
« Et les autres, fendant soudain les Atmosphères,
« Montent d'un seul élan s'incorporer aux Sphères
    « Où les attend un sort meilleur.

    « Tous ces hommes sont responsables,
« Tous sont membres vivants de la Société

« Qui peuple à tout jamais l'Espace illimité,
  « Mer dont nos Soleils sont les sables !
« Comme toi, nous avons des couronnes de tours,
« Comme toi, nous avons nos destins, nos amours
  « Et nos liens dans l'Invisible.
« O Terre ! ô notre Sœur ! O séjour glorieux !
« Joins ta voix au concert formidable des Cieux ;
  « Nous sommes l'Infini sensible ! »

  Ainsi, dans leur magique essor,
Parlent de Cieux en Cieux les voix graves des Mondes,
Ainsi vibrent là-haut leurs musiques profondes,
  Ainsi roulent leurs strophes d'or.
O Lyre, écho vivant des saintes Harmonies,
Saluons à jamais ces Astres, ces Génies
  Doués d'Ame et de Mouvement !
Le Mystère éternel dont ils boivent l'Essence
M'emplit de son vertige, et j'en vois la puissance,
  Et j'en sens l'envahissement !

  Salut, magnifique Assemblée,
Flottes d'arches de feu qui voguez dans l'Azur,
Archipel infini, refuge immense et sûr,
  Iles de la Mer étoilée !
Au sein du grand Esprit, de sommets en sommets,
Astres, vous échangez en tous sens, à jamais,

La Lumière, l'Ame, la Vie!
Et vous étiez hier, et vous serez demain,
Et mon Ame, chez vous, poursuivra le chemin
　　Auquel l'Infini la convie!

Et vous, Salut! Salut aussi,
Vous que l'Immensité recèle dans ses voiles,
Hôtes pensants des Cieux, habitants des Étoiles,
　　Hommes, frères de ceux d'ici!
O Mondes en travail, la grande Eucharistie
Est cette formidable et douce Sympathie
　　Qui joint tous nos efforts divers.
Salut! et poursuivons le but du grand voyage,
Astres de toute sphère, Hommes de tout visage,
　　Citoyens d'un même Univers!

LA MISSION

LA MISSION

EUMOLPÉE

Puisque la fleur d'Éden a battu l'oiseau bleu,
Puisque, *** armant sa main contre son Dieu,
Et trouvant de *** l'auréole importune,
L'a frappé durement d'un doux rayon de lune,
*** et l'oiseau bleu qui, tous deux, ont pleuré,
S'en vont sous les rameaux du chêne de Membré.

Parfois, dans les replis du Désert, le Numide
Se penche en galopant vers quelque roche humide
Où pleure au flanc d'un mont ce qui fut un torrent.
Sombre, le sang brûlé du Simoun dévorant,
Sa main furtive plonge, et, sur sa lèvre ardente,
Il la presse, il a bu dans cet enfer du Dante,

Et, sans s'être arrêté, sous le soleil brûlant,
S'envole, spectre noir, traînant un burnous blanc.
Tel est l'homme qui vit, portant dans sa pensée
Un mot d'ordre du Ciel sur la foule insensée.
Son désert, c'est le monde! Il ne voit et n'entend
Que les commandements du Seigneur qui l'attend.
Comme sur un coursier de feu, sa destinée
Vole à travers son siècle en sa course effrénée,
Et si, pour rafraîchir les flammes de son cœur,
Il caresse un moment les sources du bonheur,
C'est pour bondir bientôt d'un bond plus surhumain
Vers le but où l'appelle une invisible main.
Plaignez ces envoyés, et fuyez-les, Altesse.
Leur amour enchanteur fait place à la tristesse
Que laisse le bonheur parfait, quand il n'est plus ;
Car c'est de ces damnés que Dieu fait les Élus
Qu'il traîne sur l'Horeb ou qu'il cloue au Calvaire.

Écoutez et priez. Ce front doux et sévère,
C'est Jésus-Christ marchant, rêveur, dans l'Orient.
Magdeleine à ses pieds se traîne, en essuyant
Avec sa chevelure errante et parfumée
Leur poussière. Sa tête au profil de camée
Est divinement pure. Elle a le corps si beau
Que la Grèce l'eût fait poser pour son tombeau,
Debout dans le Ciel bleu sur les débris d'un trône,
Tendant aux Dieux ses bras d'albâtre et sa couronne.
Et pourtant Jésus-Christ passe, silencieux,
Sans ralentir sa marche et sans baisser les yeux.

Qui sait? Dieu seul a lu dans ce cœur de ce prêtre!
Sous ce calme apparent, dans ce grand cœur, peut-être
La Terre mesurant sa force avec le Ciel,
Lui livrait-elle alors son suprême duel!
Vaincre Satan n'est rien : ce Prince séculaire
Suscite du Voyant l'invincible colère
Que le Vrai dans sa tête et le Bien dans son cœur
Font briller et tonner contre le Mal vainqueur;
Mais la femme, roseau charmant qui pleure et plie!
« Chêne! Si ta sagesse était une folie!
« O Chêne d'Abraham, aux rameaux merveilleux,
« Pourquoi dresser ainsi ton front sur les hauts lieux?
« Pourquoi tendre ta tête aux éclairs prophétiques?
« Pourquoi ne pas chanter nos amoureux cantiques,
« Toi qui mugis, en proie aux tonnerres fumants! »
Les Étoiles parfois tombent des Firmaments,
Les Dieux de leurs autels, les fruits d'or de leur tige;
Et, si le premier homme a senti le vertige,
C'est lorsque Ève, levant ses yeux ardents sur lui,
En darda tout l'éclat dans son cœur ébloui.
Il est si bon de vivre, hélas! si doux pour l'homme
De reposer sa tête en respirant l'arome
Des roses de l'Éden sur cet être enchanté
Qui reçoit le bonheur avec la volupté!
Qui dira si Jésus n'aimait pas Magdeleine,
S'il ne se sentit pas frémir sous son haleine,
Et s'il ne songea pas peut-être, ô Roi des Rois,
A refermer ces bras qu'ouvrit si grands la croix!
La grandeur des combats agrandit la victoire;
Et l'homme qui surgit au sommet de l'Histoire,

Rayonnant aussi haut dans la Divinité,
N'y monte qu'en foulant en lui l'Humanité.
Tous les cœurs sont pétris de la brûlante argile
Qui rend l'Ame peccable et la Vertu fragile;
Mais devant l'Éternel la plus haute vertu
N'appartient qu'au vainqueur qui s'est le plus battu.
O rivages! ô flots qui baignez la Judée!
Bois, rivières, torrents, où la céleste Idée
Brilla comme un soleil dans cet homme divin!
O terre où Salomon s'écria : tout est vain!
Toi qui survis, plus belle en ta mélancolie
Que la Grèce dorée et la brune Italie!
Toi qui restes après avoir vu l'Eternel
Agiter deux mille ans ce qui fut Israël!
Peut-être tes échos ont-ils gardé l'empreinte
D'entretiens inconnus qu'une pieuse crainte
Du divin Évangile a rayé brusquement!

Si Magdeleine avait laissé son testament!

Cette voix, c'est la sienne : elle pleure, elle prie
Aux genoux de Jésus assis près de Marie :
« Écoute, lui dit-elle; ô Maître! écoute-moi!
« Tu tentes l'impossible, et c'en est fait de toi!
« Écoute! Cette nuit, j'ai fait un rêve étrange!
« Dans l'Espace, emportée entre les bras d'un ange,
« Je t'ai vu : tu parlais sous un arbre géant;
« Et les Peuples, du fond des gouffres du Néant,
« Réveillés par le souffle errant de ta parole,
« Guidés par les rayons de ta blonde auréole,

« Secouant leurs linceuls, se dressaient, et montaient
« Vers la colline sainte où tes lèvres chantaient.
« Tu parlais, déployant ton âme, et, sous ses ailes,
« Brillaient de nouveaux Cieux pleins de Terres nouvelles.
« Soudain luit un éclair, la foudre a retenti ;
« Et de Jérusalem le Grand-Prêtre est sorti,
« Puis les Juges criant aux Soldats de les suivre.
« Jésus ! pourquoi mourir ? Ne veux-tu donc pas vivre ?
« Crois-moi ! J'ai vu... (Seigneur ! que cela ne soit pas !)
« L'arbre déraciné, taillé pour ton trépas,
« Devenir une croix contre les Cieux dressée !
« J'ai crié ; mais ma voix a trahi ma pensée ;
« Et, folle de douleur, m'éveillant en sursaut,
« Je me suis prosternée en priant le Très-Haut ! »

Et quand elle resta devant le gibet sombre,
Éperdue et tordant ses mains, versant dans l'ombre,
Après les longs soupirs, les funèbres sanglots,
Après l'huile et le nard, les pleurs coulant à flots ;
Quand son cœur se brisa dans sa poitrine blanche
Comme un berceau d'enfant broyé par l'avalanche,
Comme un daim pantelant sous les crocs d'un lion,
Lorsque l'Ange revint graver la Mission
Au faîte du gibet, dans le sang du supplice,
Magdeleine... Ah ! pitié ! Jéhovah ! Quel calice
Que d'être encor du monde, alors qu'il a vaincu,
Et de ne pas mourir, lorsque l'autre a vécu !
Emporté par l'Esprit qui survit aux prophètes,
Je marche au but tragique, et cours aux sombres fêtes.

Est-ce vers le Calvaire ou vers le Sinaï ?
Qu'importe ! J'ai prêté ma voix à l'Inouï :
Les temps sont accomplis ; Dieu ne veut plus attendre ;
Il m'emporte, il me parle, il veut se faire entendre !

Puisque la fleur d'Eden a battu l'oiseau bleu,
Puisque *** armant sa main contre son Dieu,
Et trouvant de *** l'auréole importune,
L'a frappé durement d'un doux rayon de lune,
*** et l'oiseau bleu qui, tous deux, ont pleuré,
Saignent sous les rameaux du chêne de Membré.
S'ils meurent pour avoir chanté la nouvelle Ere,
Ce ne sera du moins que des coups du tonnerre.
*** alors tendra ses deux mains vers son Dieu,
Et, *** mort, la fleur pleurera l'oiseau bleu.

L'ÉPOUSE DE DIEU

A Monsieur le Comte Georges de Mniszech

L'ÉPOUSE DE DIEU

HYMNE

Reine de toute créature,
Épouse du Grand-Inconnu,
Mère de l'Univers, adorable Nature
Dont Tout sort, dont Tout vit, où Tout retombe nu !
Le Ciel, l'Enfer, le Temps, l'Espace
Et la Vie, et la Mort rapace
Chantent par moi cet hymne à ta Maternité !
Et moi, mortel, je tremble, et mon âme inondée
Voit, béante, à ta seule idée,
L'éblouissante Immensité !

Frémissant, à genoux je tombe !
Quel abîme ai-je vu s'ouvrir ?
O Lumière incréée, ô Déesse, ô Colombe,
Laisse-moi regarder quand j'en devrais mourir !

Là, sous nos pieds, les Cieux, la Terre !
Comment parler ? Comment me taire ?
A moi, Lyre d'Orphée, à moi ! Tu disais vrai !
Après quatre mille ans d'erreur et de délire,
A moi, Déesse ! à moi la Lyre !
Les Dieux sont là : je parlerai !

Astres roulants, Planètes, Mondes,
Fils de l'Éther éblouissant,
Tourbillons de Soleils grondant comme des ondes,
Océan d'or fluide à jamais jaillissant,
Azur vivant, Substance immense
Où Tout finit, où Tout commence,
Où les Zodiacs en feu lancent leur flamboiement,
Êtres, Choses, autant d'Univers que d'Étoiles,
O Nature, voilà les voiles
Qu'entr'ouvre ton divin Amant !

Ainsi, Mère à jamais sacrée,
Sur l'affreux Chaos te dressant,
Tu présentes ta bouche au Roi de l'Empyrée,
Et la Lumière naît d'un baiser tout-puissant !
Les Principes divins, les Causes
Coulent de tes seins grandioses ;
Le Feu bout dans ton cœur, et croulant à grand bruit,
Le Néant, noir serpent sur qui resplendit l'Être,
Voyant sa Maîtresse et son Maître,
Se tord sous tes pieds dans la Nuit !

Dans le Temple des Cieux énormes,
Pour plaire à Dieu, pour le charmer,
Tu jettes devant lui le grand voile des Formes,
Et pour l'Éternité, sa vie est de t'aimer.
Il t'enveloppe, il te caresse ;
Et l'Univers naît dans l'ivresse ;
Et Tout autour de vous n'est qu'Extase, Beauté,
Ordre, Lumière, Vie, Amour, Verbe, Harmonie ;
Et les enfants de son Génie
Peuplent par Toi l'Immensité !

A moi donc les voix infinies
Des Êtres qu'Elle a générés !
Vous d'abord, Premiers-nés, Rois des Forces bénies,
Mystérieux Seigneurs des champs immesurés
Où, sous l'œil des Pasteurs solaires,
Bondissent les troupeaux stellaires !
Vous ensuite, accourez, Ames des Firmaments,
Filles de la grande Ame et maîtresses des Nues,
Nymphes des sources inconnues
Qui fécondent les Éléments !

Vous, invisibles ou visibles
Puissances ! Dominations
Du Ciel intelligible ou des Règnes sensibles !
Souverains du Torrent des Générations !
Maîtres des fournaises brûlantes,
Démons des Minéraux, des Plantes,

Et des Cercles errants de l'Animalité !
Dans les Airs, dans le Feu du Centre, sur la Cime
  Des Monts, sur les eaux de l'Abîme,
  Au nom de la Divinité !

  Venez, phalanges immortelles,
  Dieux, Esprits, Anges glorieux !
Chantez Voix ! Frémissez, harpes ! Palpitez, ailes !
Du haut de toute Terre, à travers tous les Cieux,
  De tous les Cultes d'où s'élance
  L'encens que la Piété balance,
Qu'un même hymne assemblant tous les Mondes peuplés
S'envole vers le cœur d'où sur nous tout ruisselle,
  Vers notre Mère universelle,
  La Déesse aux flancs constellés !

Des prêtres ! des chœurs ! des musiques !
  Le Temple ! L'Autel ! Qu'à ma voix
La Terre ouvre l'écrin de ses trésors physiques,
Et le Ciel, son Époux, les orgues de ses Lois !
  Allons, Forêts, vos plus beaux arbres !
  Vous, Montagnes, votre or, vos marbres !
Orient, tes parfums ! Vous, Peuples, vos accords !
Toi, Musique des yeux, renais, Architecture !
  Un Temple, un Temple à la Nature,
  Mère des Ames et des Corps !

LA CRÉATION

LA CRÉATION

Je vous dis, à mon tour : pardon et grâce, Altesse !
Si ma vie a jeté ce grand cri de tristesse,
Si j'ai vu le Calvaire et la Croix se dresser,
Si j'ai voulu quitter la Terre, et m'élancer
Dans l'éternel repos, en courant au supplice,
C'est que ma solitude est un brûlant cilice,
C'est que je porte en moi, depuis l'éloignement,
Une harpe brisée, où fut l'enchantement !

Fille de l'Univers, notre âme a ses Étoiles,
Sa Lune, son Soleil, ses flamboiements, ses voiles,
Ses Terres, tour à tour paradis ou déserts,
Ses doux oiseaux, ses fleurs, ses ailes, ses concerts,
Ses fleuves, ses torrents, ses lacs, ses bois pleins d'ombres,
Ses mers, ses monts altiers, ses gouffres, ses décombres.

Mes astres, près de vous, plus brillants que jamais,
Versaient leur paix splendide à travers mes sommets ;
Mes océans calmés baisaient leur douce flamme ;
Le grand Désert de l'Homme, en respirant la Femme,
Fleurissait ; et, plus beau, plus réel que jadis,
Dans l'Orient vermeil s'ouvrait le Paradis.
J'allais créer, j'allais, plus heureux que Moïse,
Ajouter la Promesse à la Terre promise :
Vous partez ! Et soudain je n'ai plus entendu
Que mes gouffres pleurant le Paradis perdu.
Mes torrents ont rugi ; mes océans sauvages
Aux lueurs des éclairs ont mordu leurs rivages,
Et sur mes monts glacés ne pouvant remonter,
J'ai crié tristement, quand j'ai voulu chanter.
Hélas ! le Sahara, le grand Désert, le sable
S'ouvrit bientôt, brûlant tout mon corps périssable ;
Mais me sentant déchoir, si je doutais de moi,
Fixant à son Zénith le soleil de ma foi,
J'ai, comme un noir coursier, fait bondir mon envie
De perdre d'un seul coup la douleur et la Vie.
Oui, sur cet Occident qui tient Dieu prisonnier,
Sans vous, je sonnerais le Jugement Dernier ;
Quitte, en tonnant du Ciel la brûlante colère,
A sombrer dans les feux du volcan séculaire.
Mais, pour vous, reprenant la Lyre en souriant,
Je dirai la Promesse aux fils de l'Orient.
Pardon ! L'Homme, selon qu'il jouit ou qu'il souffre,
Voit le Ciel ou l'Enfer. Seul, j'ai revu le gouffre ;
Car, si je darde en vous la douce Vérité,
Loin de vous, j'en ressens la mordante âpreté.

Il est des siècles morts, des époques maudites
Qui révèlent l'Enfer aux âmes interdites,
On n'y peut plus bâtir, on n'y peut pas semer,
Et la Parole sainte y meurt sans y germer.
A quoi bon y porter la Lyre, l'Harmonie
Et les secrets divins de la Vie infinie ?
Pourquoi dresser l'autel de la Divinité
Sur le sable mouvant par les chacals hanté ?
Lorsque Amphion, parlant aux Dieux, les fit descendre,
Ce fut sur du granit et non sur de la cendre.
Un Mage peut charmer les fauves des forêts ;
Sur Babel, il écrit : Mané, Thécel, Pharès !
Laissez toute espérance aux voûtes étoilées,
Fils du Ciel qui marchez par ces tristes vallées !
La Foi s'y meurt en proie à la négation ;
Ici, l'art de créer se change en mission :
Il faut être César ou Christ, glaive ou victime.
Encore si le sang d'un meurtre légitime,
En lavant cette cendre, y rallumait un Ciel !
Mais non ; voyez la Terre où vécut Israël !
Des villes s'y dressaient bruyantes dans l'Espace ;
C'est à peine aujourd'hui si l'ombre humaine y passe.
Or, en des temps pareils, le front dans l'Infini,
Jésus mourant criait : Lamma Sabactani !
Voyez la Chrétienté : sa tristesse reflète
La désolation d'une Vie incomplète ;
Le noir déchirement d'un supplice impuissant
A conjurer en elle un déluge de sang.
Non ! ce n'est pas assez de montrer à la Terre
Le Ciel ; il faut l'y mettre et mourir, ou se taire.

Jésus n'a pu laisser des célestes secrets
Qu'un grand mort dans la vie et Magdeleine auprès ;
Mais sans enfant, hélas ! sans vivante espérance
Qui des maux d'ici bas pût guérir la souffrance,
En précisant les biens que ce Maître emporta
Loin de ceux qui, depuis, portent son Golgotha.
Jésus vécut fuyant la Vie : elle est restée,
Plus triste d'avoir vu son Anti-Prométhée
Périr du Feu sacré pour l'emporter aux Cieux,
Périr, en lui jetant son linceul sur les yeux
Avec une Promesse à tout jamais muette,
Si l'Amour et la Foi n'engendraient un Prophète.
Oui, Jésus aima Dieu ! mais qui l'a trop rêvé
En cherchant l'Infini, meurt sur l'Inachevé.
Orphée aussi vit Dieu ; mais il créa la Grèce ;
Il n'aurait rien créé sans sa douce maîtresse.

Animateur brûlant de l'Espace éthéré,
Amour, Amour ! oh ! oui ! C'est toi le Feu sacré !
Sans toi, l'Homme qui vit et qui meurt solitaire,
Ne peut pas révéler le suprême Mystère ;
L'Homme seul n'aime pas la Vie ; il ne peut pas
Lui faire un autre legs que son propre trépas ;
Il peut s'enfuir au Ciel et dire à l'Homme : Espère !
Mais être fils de Dieu, ce n'est pas être père !

Non ! jamais l'Homme seul, fût-ce au prix de sa mort,
Ne pourra vaincre l'Homme, et conjurer son sort ;
Il peut frapper son cœur ; mais jamais il ne crée
Que le voile sanglant de son propre Empyrée ;

S'il pouvait engendrer, seul, sa création,
Ses fils la livreraient à la destruction ;
Et, touchât-il du front jusqu'au Zénith suprême,
Il verrait le Néant, ne voyant que lui-même !

C'est que Dieu n'est pas seul en son Éternité ;
Car, s'il eût été seul, rien n'aurait existé,
Rien ! ni ce Ciel, immense Océan, dont les Ondes
Roulent à l'infini le sable d'or des Mondes ;
Ni ces Astres fixant l'Harmonie et les chœurs
Des Planètes roulant sous leurs regards vainqueurs !
Rien ! ni les Éléments d'où jaillit et ruisselle
De l'Atome aux Soleils la Vie Universelle,
Ni l'Homme pour aimer, savoir, jouir, prier !
Si Dieu devenait veuf, on entendrait crier
Du Zénith au Nadir sa voix dans l'Insondable.
Une secousse horrible, un sanglot formidable,
Brisant tous les anneaux des Mondes palpitants,
Chasserait loin de Lui les Espaces, les Temps,
Les Êtres corporels, les Êtres invisibles,
Éteindrait tous les feux et tous les bruits possibles,
Pour faire le Silence, et, dans l'Obscurité,
Pleurer sur le Chaos pendant l'Éternité.
C'est qu'Il aime d'amour sa compagne éternelle ;
Il n'est la Vérité que par Elle, pour Elle ;
Et l'Univers nous dit par ses langues de feu :

« La Nature, ma Mère, est l'Épouse de Dieu ! »

LE PATER DES ROIS-MAGES

A la Mémoire de ma Mère

LE PATER DES ROIS-MAGES

Éternel Masculin, Principe et Fin des Êtres,
Époux de la Nature, Ancêtre des Ancêtres,
Dieu fait Homme, Homme-Dieu, Toi qui règnes aux Cieux,
Père de l'Univers, Inconnu merveilleux
Dont les Mondes chantant la Pensée infinie,
Proclament l'insondable et tout-puissant Génie!
Avec les Dieux, tes fils, avec les Immortels,
Tous les Cultes criant vers Toi, tous les Autels,
Joignant comme nos mains tous ce qui pense et prie,
Dieu des Dieux, Roi des Rois de la grande Patrie,
Reçois l'encens pieux de nos désirs ardents,
Et qu'un frisson divin nous réponde en dedans!
En notre intelligence entr'ouvrant ton Mystère,
Laisse le Ciel se faire, et qu'il règne sur Terre

Ce Ciel dont l'Harmonie et dont l'Immensité
Vivent de ton Amour et de ta Volonté !
En nous comme au dehors, laisse cette harmonie
Accordant tout, unir l'Humanité bénie
En un corps rayonnant la Force et la Beauté
De ton Esprit Céleste et de ta Vérité !
Nous serions accablés par ta Toute-Puissance,
Si notre âme n'avait en elle ton Essence,
Et si nous n'étions l'un des mille tourbillons
De ton souffle emportant les Constellations.
Dans les flancs azurés de la Nature immense,
Afin que Tout s'achève, afin que Tout commence,
Que l'Esprit soit fait chair et la Chair faite esprit,
Tu nais, tu meurs partout, de toi-même proscrit ;
Mais tu meurs pour renaître en notre conscience,
Et c'est ton souvenir que nous nommons Science.
O Père ! appelle-nous à la Communion,
Du souvenir parfait de ta Perfection !
Esprit ! par ta Sagesse et le Savoir de l'Homme
Éclaire-nous ! O Fils ! montre-nous le Royaume,
Son droit, notre devoir, et comment il nous faut
Le fonder ici-bas pour en jouir la-haut,
En méritant de Toi la grande renaissance !
Mais déjà dans nos cœurs s'annonce ta présence ;
Un souffle merveilleux, un divin mouvement,
Les attire et les lie à leur céleste aimant !
Formant la chaîne avec tes enfants invisibles,
Nos volontés, soudain, s'unissent invincibles ;
Ta Providence en nous rayonne.... Te voici !
Dieu des Dieux, Roi des Rois, Père ! Gloire et merci !

Habite à tout jamais nos âmes immortelles,
Afin que, secouant les liens de leurs ailes,
Triomphant de la Mort, fendant ses tourbillons,
Hors du cercle orageux des Générations,
Elles montent d'un trait, dans leur blancheur première,
S'unir aux chœurs des Dieux debout dans la Lumière !

Fin

TABLE

LA NAISSANCE..

LIVRE PREMIER

VOLONTÉ (Fragments), de 1860 à 1865

LES DEUX VOIX... 13
    A Monsieur de Metz.
L'ORAGE... 21
    A Madame Honoré de Balzac.
L'AMOUR CHARNEL..................................... 29
    A Monsieur Adolphe Pelleport.

LE CALME.. 35
    A Monsieur Jean Gigoux.

PARIS... 41
    A Monsieur Victor Hugo.

LE MAL BABYLONIEN.. 49
    A Madame la Princesse Paléologue.

L'ATLANTIQUE... 55
    A Madame la comtesse d'Alton-Shée.

MISERE.. 61
    A Monsieur Philippe de Faye.

LETTRE.. 67
    A Madame la comtesse E. d'H.

SUICIDE.. 75
    A Monsieur le vicomte Godefray.

LE PASTEUR.. 79
    A Monsieur Georges Pallain.

LA SŒUR.. 83
    A Madame la comtesse Georges de Mniszech.

L'ENFANCE... 86
    A une Enfant.

AMITIÉ.. 101
    A une jeune fille.

ASCÉTISME... 107
    A une jeune Femme.

PRIÈRE... 113
    A madame V. Faure.

UN SONGE DE LA TERRE................................... 117
    A Monsieur Ernest Renan.

TABLE

LES SEXES ET L'AMOUR.................................... 123

LIVRE DEUXIÈME

AMOUR (Fragments), de 1865 à 1872

A LA FEMME... 147
DÉESSE ET FEMME.. 151
RÊVE... 161
L'AVE.. 165
A MON ESPRIT FAMILLIER................................. 171
L'ABSENCE.. 165
L'ANTRE.. 183
NOX ALMA... 189
MAGIE.. 195
LE CANTIQUE.. 201
LA GLOIRE.. 207
L'ADIEU.. 215
JE NE VOUS AIME PLUS................................... 221
SUR MER.. 229
PARDON... 233
EPITAPHE... 239
LA MORT.. 243

LA MORT.. 451

TROISIÈME LIVRE

VÉRITÉ (Fragments), de 1868 à 1875.

LA TERRE.. 263
    A Monsieur le capitaine Gilbert.

LA POÉSIE.. 269
    A Madame la comtesse de Keller.

LE TRAVAIL... 277
    A Monsieur Charles Shasher.

LES ORIGINES NATURELLES DE L'HOMME........ 283
    A Monsieur le docteur Favre.

L'AMOUR.. 291

LES ORIGINES SOCIALES................................ 297
    A Monsieur le baron de Saint-Amant.

LES ANCÊTRES... 303
    A Madame la comtesse A. de Maugny.

ANTÉROS.. 320
    A Monsieur le duc Decazes

LA LIBERTÉ... 319
    A Monsieur Hector Pessard.

L'AUTORITÉ.. 323
    A la mémoire de Fabre d'Olivet.

LA GUERRE... 324
    A Monsieur Georges Derrien.

L'ALPE... 333
    A Monsieur le docteur Quarante.

TABLE

LA VICTOIRE APTÈRE	339
A Monsieur L. Bouchard.	
L'ALPE	343
A Monsieur Gaston Saint-Yves.	
LA SCIENCE	351
A Monsieur le comte de Chaudordy.	
LE TEMPLE	355
A Monsieur le comte du Rutte.	
LES HEURES	361
A Madame la baronne de Lowenthal.	
LE GRAND ASCÈTE	373
A Monsieur le docteur Saint-Yves	
LA LUNE	379
A Madame la comtesse Rzewuska.	
LE RETOUR DU GRAND PASTEUR	389
A Monsieur Le Play.	
LE BERCEAU	397
A Monsieur de Villiers du Terrage.	
LES ASTRES	401
A Monsieur Alexandre Dumas.	
LA MISSION	409
L'ÉPOUSE DE DIEU	417
A Monsieur le comte Georges de Mniszech	
LA CRÉATION	423
LE PATER DES ROIS MAGES	431
A la mémoire de ma Mère.	

FIN DE LA TABLE

www.ingramcontent.com/pod-product-compliance
Lightning Source LLC
Chambersburg PA
CBHW071103230426
43666CB00009B/1806